小学阅读能力
决定一生的成绩

丢掉参考书，谢绝辅导班；阅读能力强，成绩马上好！

跻身年级排名前5%的阅读战略

  跻身年级排名前5%是件很困难的事。因为不但要求所有科目均衡发展，而且还要始终保持好的成绩，不能有大的起伏波动。让这一切成为可能的就是阅读能力。因为在现行的教育制度下，阅读能力即为学习能力。

【韩】金明美／著　　周尧　崔英兰／译

中国传媒大学出版社

推荐序

对阅读能力切实起到指导作用的书

　　韩国学生们在学习上真的是非常努力,看到这些从清晨到深夜一直与书本战斗的孩子们,我甚至会觉得他们很可怜。尽管同样是那么刻苦地学习,有的孩子学习成绩非常好,有的孩子学习成绩却很不理想。本书的作者将其原因归结为"阅读能力的差异"。

　　我们都知道,吃有营养的食物是为了促进身体健康,但是如果吃了过多有营养的食物却不能够及时消化,那么意义就不大了。书籍也是一样。如果读了很多好书,但是头脑中却什么都没有留下,那么为了读书而付出的时间和努力就实在太可惜了。

　　我们周围也有很多在学习和读书上面花费很大精力,却未能取得好成绩的孩子。原因就在于他们读过文章以后并没有充分地理解其中的内容,即所谓的"阅读能力"不足造成的。

更严重的问题是，孩子们在还没有来得及很好地理解课本的内容之前，即还尚未具备本学年应具有的阅读能力时，便升上了更高的年级。

另外学习环境也是导致孩子出现这种问题的一个重要原因。现在，孩子们需要学习的内容太多，因此必须要快速地学习，结果便导致了已经阅读过了，却对文中的内容一无所知。为了解决"刚开始阅读的孩子"和"遇到阅读障碍的孩子"所面临的这些问题，父母和老师需要对孩子们的阅读能力给予更多的关注，并为他们找出解决的方案。

从这个角度来讲，本书具有非常重要的指导价值。作者在硕士期间就专攻教育专业，之后又从事了近20年的读书教育工作，积累了丰富的经验。她对阅读能力的概念进行了准确的阐述，并通过具体事例，详细地介绍了提高阅读能力的多种方法，为孩子们提供了他们切实所需的指导。

我认为本书对于培养正确的阅读习惯、提高阅读能力有很好的指导作用，对于那些关注孩子的阅读能力，并想指导孩子阅读的父母和老师一定会有很大的帮助。

金峰君（天主教大学名誉教授，韩国读书学会特邀会长）

前言

第一本介绍提高阅读能力的书

在教孩子们阅读方法的时候,他们都会按照所教的方法很配合地跟着学习。虽然,最开始的时候很吃力,但是看到孩子们要么出声朗读要么边阅读边思考,阅读能力在不断地提高时,我的内心不由地涌起一股暖流。只是一想到这些孩子一直以来只是因为不知道方法而吃尽了苦头时,我的心又会痛起来。

如果是花了很多时间学习,参加了许多课外辅导班,请了很多次个人家教,孩子的学习成绩还没有提高,那么就应该从他的阅读能力上找原因。因为阅读能力决定着孩子们的学习成绩。

但是,很多家长和老师对阅读能力知之甚少,或者将它与读书能力相混淆。**其实阅读能力与读书能力是两个不同的概念。**

读书能力是指阅读大量书籍并对其内容进行理解的能力,但是阅读能力却超越了阅读和理解的层次,是对文章所要传达的内容进行分析、应用和批判，同时把握文章整体含义的能力。

家长们对阅读能力并不了解，只是不停地重复这样的话："好好读一读，边读边思考。"

但是，他们却没有告诉孩子们要怎样边读边思考，怎样读才是好好地读，这就和对刚刚开始游览这个世界的孩子说"釜山有很多好看的东西，去看看吧"却不给孩子任何指导的做法没什么两样。

如果孩子阅读了文章以后不能准确地把握文章的内容，这并非是孩子的责任，而是父母和老师的责任。本人长时间地接触孩子和家长，同时，也是一名教育工作者，对孩子存在阅读困难这一问题有着无法推卸的责任。

因此，我决定通过这本书，结合因各种原因而遭遇阅读困难的实例，将"好好地阅读"是多么重要，为了很好地阅读应该怎样做，以及关于"阅读能力"的一切都向广大读者进行仔细的讲解，而不是空泛地说"这样好，试试那么做。"我会努力将孩子们长期以来一直没有掌握的阅读方法以最简单易懂的方式进行说明。

同时，本书是第一本介绍"阅读能力"这一概念的书，因为**近年来，阅读能力的培养在教育界已经引起了广泛的重视，所以这本书具有相当重要的指导价值。并且我相信，在不久的将来，阅读能力的重要性会得到更加广泛的关注和认可。**

但是，很多父母和老师可能会因为对阅读能力这一概念比较陌生，因而没有引起充分的重视。我希望能够向这样的父母和老师再次强调阅读能力的重要性，也希望他们能够对孩子的阅读习惯进行仔细的观察。

如果能够做到这一点，当孩子在阅读上遇到问题时，我们便能够准确地找出问题之所在，也能够及时找出解决问题的方法。**父母和老师是孩子的**

指导者，为了更好地发挥出指导者应有的作用，我们就应当充分地认识到阅读能力的重要性。

在这里，我想感谢那些曾经和我并肩努力的孩子们。他们一度因为阅读能力偏低而无法提高学习成绩，后来和我一起思考并找出解决方法，从而提高了阅读的自信，也提高了学习成绩。同时，也非常感谢在写作本书期间一直给予我莫大鼓励和支持的家人。

金明美

书 评

  读初中一年级的女儿曾经因为语文成绩不好而非常苦恼,后来我们通过这本书找到了解决的办法。对我们来说,能够了解阅读的重要性是非常幸运的事。

——安美善(两个女儿的妈妈,女儿分别读初中一年级和小学五年级)

  书中介绍了阅读能力的诊断和评价,以及正确阅读的指导方法,是老师们教育孩子的必备之书。

——韩智湖(杉峰小学老师)

  曾经非常担心两个孩子上小学后的学习成绩,通过这本书,知道了提高阅读能力的重要性后,我不由地笑了出来。

——龙兴美(两个孩子的妈妈,孩子分别读小学二年级和四年级)

  教育孩子时一直为了如何提高孩子们的阅读能力而感到苦恼,但是通过这本书我似乎找到了解决的途径,所以向广大的和我有着同样苦恼的阅读指导老师们强烈推荐这本书。

——李明喜(读书指导老师)

  阅读能力是阅读所需的最基本要素,却很容易被忽视。通过这本书让我更深刻地感受到了阅读能力的重要性,这本书对家长和老师绝对有所帮助。

——杨成妍(两个孩子的妈妈,读书指导老师)

CONTENTS

推荐序　对阅读能力切实起到指导作用的书·2

前言　第一本介绍提高阅读能力的书·4

第1章
阅读能力的差异即学习能力的差异
——阅读能力很重要？

1. 阅读能力为什么这么重要？

阅读能力决定学习能力·3

决定学习成绩的阅读能力，父母为什么不知道呢？·6

如果学习成绩下降，首先就应该考虑阅读能力·7

小学二年级开始培养阅读能力·9

小学三年级开始逐渐拉开的学习成绩差异·11

2. 到底什么是阅读能力？

阅读能力是什么？·14

错误的阅读习惯导致阅读能力的下降·16

目 录

第 2 章
小学时的阅读能力能够一直影响到大学阶段
——阅读能力，从什么时候开始培养呢？

1. 阅读能力差的孩子会出现什么问题呢？

   虽然读完了书，却不知道是什么内容·23

   读完书后，还分不清自己知道什么，不知道什么·24

   无法集中精力阅读，找不出核心内容·25

   听力和口语差，成绩一直下滑·26

   找到孩子的阅读问题·27

2. 怎样培养阅读能力？

   小学二年级开始积累的阅读能力一直影响到大学·30

   根据文章的类型，有目的地阅读·31

   最大程度地调动背景知识·34

   最大程度地活用背景知识·39

   最大程度地提高词汇能力·41

   出声思考·45

一边提问，一边阅读·48

阅读时先判断什么内容比较重要·50

阅读的同时做好笔记·52

第 3 章
阅读能力决定所有科目的成绩
——培养不同科目所需的阅读能力

1. 培养阅读能力可以提高各科成绩

成绩名列前 5%，只要正确地阅读教科书就可以做到·57

阅读教科书也有顺序·58

2. 不同科目的教科书有不同的阅读方法

语文课本，这样阅读·63

社会学课本，这样阅读·67

科学课本，这样阅读·74

将各科目的知识综合起来阅读课本·79

目 录

第 4 章
阅读能力决定各年级的成绩
——每个年级都有必须具备的阅读能力

1. 准确了解孩子的阅读能力

不了解孩子阅读能力的父母们拥有共同的错觉·83

不要匆忙地根据阅读能力诊断结果判断孩子·85

父母可以对孩子的阅读能力作出诊断·86

2. 各年级需要具备的阅读能力

小学一年级需要具备的阅读能力·91

小学二年级需要具备的阅读能力·92

小学三年级需要具备的阅读能力·94

小学四年级需要具备的阅读能力·96

小学五年级需要具备的阅读能力·98

小学六年级需要具备的阅读能力·100

第 5 章
同时提高阅读能力和学习能力
——选择并阅读能够同时提高阅读能力和学习能力的书籍

1. 通过叙述性文章提高阅读能力

通过古代故事提高阅读能力·105

通过创作童话提高阅读能力·107

通过古典小说提高阅读能力·110

通过伟人传记提高阅读能力·112

2. 通过信息性文章提高学习能力

信息性文章是提高学习能力的最好选择·116

通过历史类书籍提高学习能力·118

通过社会学和科学类书籍提高学习能力·120

通过报纸提高学习能力·123

目　录

第 6 章
只有这样才能解决孩子的阅读障碍！
——六种孩子经常会遇到的阅读障碍

貌似喜欢读书的孩子·126

自称都知道，一问却毫无所知的孩子·128

即使是刚阅读过的部分也记不住的孩子·131

朗读和默读结果相差很大的孩子·133

阅读后却不能理解文章内容的孩子·137

做错的问题，和妈妈一起重新做却能够做对的孩子·140

附录　不同年级的阅读能力诊断评价

阅读能力诊断题（父母观察记录卷）·145

阅读能力诊断题（学生阅读材料卷）·173

第 1 章
阅读能力的差异即学习能力的差异
——阅读能力很重要？

1. 阅读能力为什么这么重要？

阅读能力决定学习能力
决定学习成绩的阅读能力，父母为什么不知道呢？
如果学习成绩下降，首先就应该考虑阅读能力
小学二年级开始培养阅读能力
小学三年级开始逐渐拉开的学习成绩差异

2. 到底什么是阅读能力？

阅读能力是什么？
错误的阅读习惯导致阅读能力的下降

1. 阅读能力为什么这么重要?

阅读并完全理解文章含义的能力是高质量学习的核心,因此,阅读能力自然而然地成为了教育领域备受关注的对象,并且逐步与思考能力联系起来。

阅读能力决定学习能力

> 比学习成绩好的学生投入了更多的学习时间,却总得不到令人满意的结果,这正是阅读能力的差异造成的。

我儿子的一个小学同学很少上补习班,也没有接受很多私人家教的辅导,可是在初中和高中阶段,他的成绩在全校一直名列前茅。据那个孩子的妈妈说,他很爱睡觉,每天不到十二点就睡觉了,另外,考试期间也没有特意认真地去准备考试,还经常读一些与学习完全无关的书籍,所以家人很担心。不过不用认真准备考试,就能取得全校数一数二的成绩,多读一些课外书籍有什么可担心的呢?

可是,仔细地想一想,无论是学习的时间、花费在补习班和个人辅导上的费用,还是睡觉的时间,与那个孩子相比,我儿子的成绩都应该比那个孩子好很多才对。可是,事实却正好相反,那个孩子在全校名列前茅,而我的儿子在班里甚至很难排到前十名。

这时,如果我认定"那个孩子是有着天才头脑的幸运儿",不把他列为我儿子的竞争对手,那么我可能会减轻一些烦恼。

但是……

"无论如何,你和那个孩子是没办法比的,还不如放弃,就满足于现状吧!"如果这样说,儿子所付出的努力就太可惜了。别人也说过我儿子的头脑不比那个孩子的差,小学时,他也当过班长,也经常抱着100分的考卷满怀自信地走进家门。当时,那个孩子的妈妈还曾经羡慕过我们家孩子呢!为什么现在会出现这种现象呢?

这种自己的孩子比学习成绩好的孩子投入了更多的学习时间,但是结果不尽如人意的事却经常发生。

究其原因,可能会存在有上课时的认真程度、学习时精力的集中程度、学习动机、周围环境等多种因素的影响,其中,起决定性作用的因素正是"阅读能力"。

阅读能力是指阅读并理解文章,进而进行分析和判断的能力。因为阅读能力决定着是否能够正确地理解文章,所以阅读能力与学习能力有着很强的因果关系。开发阅读能力可以提高学习的效率,这不仅是作为读书专家的我通过长期的实践所证明的,而且在诸多学者的研究结果中也得到了证实。

长期研究阅读能力的朴秀子博士(首尔大学国文系)在2001年出版的《对阅读指导的理解》一书中指出:"**阅读并完全理解文章含义的能力是高质量学习的核心**",因此,"阅读能力就不可避免地成为了教育领域备受关注的对象,并且逐步与思考能力联系起来。"

另外,研究中学生阅读能力和学习成绩之间关系的刘善子先生(基督教大学教育研究生院读书教育系)于2004年发表的硕士论文中也主张:"**阅读能力是学习成绩的根本和核心要素,因此可以影响所有科目的学习成绩。**"通过阅读专家们的研究成果可以总结如下:

- 被诊断为阅读能力低下的孩子们大部分都会在学习上存在困难。
- 对在学习上遇到困难前来咨询的学生做阅读能力诊断,他们大部分人的阅读能力都要低于自身年级2～3年。
- 学习成绩居年级前5%的学生,其阅读能力诊断的结果一般要高于自身年级1年以上。

::说明阅读能力差异的事例(Ⅰ)

让初中一年级的学生贤基和智英读初一道德教材中的某个段落,然后要求他们在自己认为重要的部分画线,或做出自己能够识别的标志,在有疑问的部分可以画上问号,并且在读完以后,按照自己的理解对主要内容进行归纳总结。

旁边给出的资料便是贤基和智英将阅读的内容

道德(中)-194页　贤基对阅读内容的概括总结

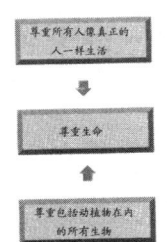

走在路上看到疲惫地坐在路边乞讨的人，把自己省下来的零用钱送给他，这就是尊重生命；在公交车或地铁上看到年迈的老爷爷老奶奶，主动让座位给他们，从广义上说这也是尊重生命。

另外，在校园生活中不欺负、不戏弄弱小的同学，与他们友好相处也可以说是尊重生命的一种方法。想一想，如果某个弱小的朋友害怕受到戏弄或害怕被强悍的孩子欺负而不能平静地度过校园生活，那怎么能像正常的人一样生活呢？

其次对于尊重生命我们还需要知道，尊重生命的对象不是只限定于人。尊重生命的对象可以是包括动植物在内的所有生物。珍视每一只动物或每一株植物，这也是尊重生命的一种表现。下面这个故事很好地展现了尊重生命的样子。

进行总结的结果。贤基将教科书的核心内容很好地标示了出来，并且利用空白部分，对内容做了总结。相反，智英在大部分教科书的内容下面都做了标志，总结也只写了几行便放弃了，当我们询问智英放弃的理由时，她回答说因为她认为所有的内容都很重要，因此没有必要全部写下来。

道德（中）-193页　智英对阅读内容的概括总结

贤基和智英的最大差异是什么呢？贤基能够很好地掌握教科书的内容，只在重要的内容下面画了横线，并对其进行了归纳，形成了自身的阅读方法。相反，智英就未能很好地掌握阅读教科书的方法。

::说明阅读能力差异的事例（2）

在小学四年级和初中二年级的学生中，以2008年第一学期期中考试取得前5名（A）和排名21～25名（B）的学生为对象进行阅读能力诊断，并将其结果做成下面的表格，希望大家能够认真观察。

	小学四年级		初中二年级	
	A	B	A	B
回想能力	89.2%	79.3%	88.7%	66.2%
事实理解能力	100%	87%	100%	83%
推理能力	92%	50%	89%	47%

* A：32名学生中排名前5名

* B：32名学生中排名21～25名

通过上面的表格，我们可以看出小学生和初中生的阅读能力都与学习成绩

第1章　阅读能力的差异即学习能力的差异

有着密切的关系。进一步观察,还可以发现:事实理解能力方面两个对比对象之间并没有较大的差异,但是在对阅读内容的回想能力和推理能力上却表现出了明显的差异。

决定学习成绩的阅读能力,父母为什么不知道呢?

孩子的阅读能力远远低于同年级的平均水平,这分明是教育上的非正常状态,但是父母们却对此毫不知情。这是因为父母们不知道阅读能力的概念及孩子客观上具有的阅读能力,即使知道,大部分的父母也不知道需要通过什么样的方法来改善。

所有的父母都认为自己的孩子能够很好地阅读文章,但是如果真正地接触孩子后,通过对其进行阅读能力诊断,他们就会很遗憾地发现,真正具备与自己的学年相对应的阅读能力的孩子少之又少。

美国阅读指导专家克里斯·托巴尼在《改变孩子人生的读书方法》(*I Read it, but I Don't Get it*,2000年)一书中指出:全班22名学生中真正能够阅读科学书的学生只有8名。

2001年,根据英国进行的一项调查结果[①]显示:小学毕业生中有阅读障碍的学生比率为20%~25%。

也就是说虽然能够读完教科书,但是不能够正确掌握书中内容的孩子在10名中就有2~3名之多。

某位小学五年级的班主任老师指出:**在出考试试题的时候,一般是以教科书的内容为基础,如果略微改动一下内容或给出新的内容,即使是平时学习成**

---

① Collins, L. &Matthey, S.(2001). Helping parents to read with their children: evaluation of an individual and group reading motivation programme. Journal of Research in Reading.

绩一直名列前茅的学生也会出现大幅度的成绩下滑。这位老师同时也指出，具备独立阅读和理解能力的学生在班里不超过四分之一。

大部分学生的阅读能力要远远低于自身学年的相应水平，这明明是教育的非正常状态，但是为什么那些为了孩子的学习可以不惜上刀山下火海的父母们却如此安静呢？是他们不关心吗？

∷父母不知道阅读能力的原因

① 从来没有考虑过所谓的阅读能力。
② 不了解孩子真实的阅读能力。
③ 虽然对孩子的阅读能力有所怀疑，却不知道解决的办法。

阅读能力

如果学习成绩下降，首先就应该考虑阅读能力

即使没有为考试进行特别的准备，只要很好地掌握了阅读文章的方法，考试成绩也可以突飞猛进。所以如果孩子的学习成绩出现下滑，首先就应该检查阅读能力。

孩子的阅读能力会对学习成绩产生重大影响是在初中二三年级的时候。但是，如果仔细观察就会发现：从小学三年级开始，阅读能力好的孩子与阅读能力差的孩子之间就已经出现了成绩上的差异。

我在去年9月份认识了小学五年级学生智贤，她因为学习成绩不好而失去了自信心，甚至跟朋友之间的关系也疏远了，智贤的母亲告诉我：

"我们智贤在小学一二年级的时候与其他孩子并没有什么差异，但是上了小

学三年级以后，成绩开始一点点下降，到了五年级，成绩就变得非常差了，包括语文在内的所有课程都是40多分。在看到她连特别简单的词语都不知道如何拼写的时候，我都觉得有些心寒了。后来我给她找了家教补习，但是也不见她有什么进步。她只有数学曾经考过90分，但是这次却又只考了50分。我看了一下她的试卷，发现要求具备思考能力的问题几乎都错了，可奇怪的是我给她读完问题后再让她重新解答的时候，她却回答得很好，我真是不知道问题出在哪里。"

  首先我需要了解智贤的阅读能力是处于怎样的水平。诊断结果显示：智贤的阅读能力要远远低于她就读年级的阅读水平，词汇也仅维持在小学一二年级的水平，在说明某件事情的时候，只有慢慢地使用非常简单的词，她才能够理解。因此，最要紧的事是提高智贤的阅读能力。我们和智贤一起选择了文字较少的图画书，从怎样阅读文章开始学习。

  像这样的学习进行了7次的时候，智贤的考试成绩有了惊人的提高，平时一直在40多分徘徊的语文成绩提高到了78分，其他课程的分数也随之提高了。我们虽然没有为考试进行特别的准备，但通过掌握阅读文章的方法，也可以达到令人难以置信的提高。

  虽然现在智贤的阅读能力距离五年级的水平仍存在着很大的差距，**但是父母和孩子同时认识到"只有正确地阅读文章才能体会到学习的趣味，进而提高学习成绩"这一事实也已经是很大的进步。**这是他们亲身感受到"阅读力量"的结果。

阅读能力

小学二年级开始培养阅读能力

孩子需要从小学二年级时开始培养基础的阅读能力，小学三四年级时，开始提高与学习相关的能力。

除了前面提到的智贤的例子之外，还有调查结果显示：**80%学习成绩不优秀的学生都表现出阅读能力不佳**（"阅读能力不佳"是指与自身的年级相比，阅读能力相差两个年级以上的情况）。

另外，韩国基督教大学终身教育院曾经以参加"阅读孩子教科书"讲座的学生家长为对象，进行了题为"孩子第一次感觉到学习吃力是从什么时候开始？"的问卷调查，调查结果显示：35%的学生是从小学三年级开始学习社会课程的，21%的学生是从五年级以后，而还有28%的学生是从初中开始的。对此调查结果进行综合的分析判断，即可得出**孩子们在学习上感觉到困难的时期与出现阅读困难的时期相一致**的结论。

当孩子在学习上出现困难的时候，大部分的父母都不管三七二十一就将孩子送到补习班，试图通过补习班来解决问题。那么，在补习班里，是怎样教孩子们学习的呢？

补习班的教学，通常是将各个科目的重点挑出来，让孩子们逐条背诵。因为重点内容在考试试题上出现的几率很高，所以孩子们就这样在没有正确理解文章内容的状态下，只凭借死记硬背的知识去参加考试，结果并没有解决学习上的困难，反而增加了对补习班的依赖程度。

如果**孩子感觉到学习上有困难，那么应该抛开其他因素，首先从阅读能力开始检查，一旦发现阅读能力上存在问题，就应该竭尽全力提高阅读能力**。

那么，什么时候是培养孩子阅读能力的最佳时期呢？让我们以专家们的研究成果和国家语文教育课程的学习目标为基准来寻找根据。

在说明阅读能力发展阶段的理论中，最有代表性的是哈佛大学教育学教授Jeanne S. Chall 的"阅读发展理论"，他将阅读能力从开始到成熟的发展过程分为五个阶段。

根据他的阅读能力发展阶段，小学二三年级是培养阅读流畅性，理解文章上下文含义的重要时期。因此，我们可以了解到孩子要从小学二年级开始掌握阅读所必需的最基本的能力，到了四年级，则需要为了学习而进行阅读。

另外，国语教育学博士川经录先生根据韩国现行的十年基本教育课程，也提出了对阅读能力发展阶段的个人见解。他认为：小学三四年级是从"解读"走向"独解"的时期，需要掌握读书的基本技能。

美国国立教育研究学会也将小学二三年级认定为阅读开始的初期阶段。

现在韩国的小学课程也正是根据阅读能力的发展阶段来开展的。小学二年级开始学习阅读的重要性；三年级开始正式阅读文章，学习概括文章内容，一边推测，一边进行推理性阅读；从四年级开始，学习归纳概括文章的重要内容，理解掌握作者的意图，同时学习批判性的阅读；六年级时，要求学生能够以从前学习的知识为基础，不需要详细的指导，便能够理解文章内容并进行判断。

阅读能力专家分析的阅读能力发展阶段

美国国立教育研究学会	陈哲（1983年）	川经录（1999年）
前读书期 （出生至小学入学前）	阅读前阶段 （出生后至上学前）	读书萌芽期 （出生至幼儿园）
读书开始时期 （小学一年级）	初期阅读和解读文字的阶段 （小学一二年级）	读书入门期 （小学一二年级）
独立读书初期 （小学二三年级）	流畅性阶段 （小学二三年级）	基础技能期 （小学三四年级） 掌握读书的技能并开始为了学习而读书的时期
中等读书时期 （小学四、五、六年级） 理解能力和阅读文章的技术发展时期	为了学习新的知识而阅读的阶段 （小学四年级以后）	基础读解期 （小学五六年级）
	产生多种多样观点的时期 （小学后）	高级读解期 （初中一二年级）
成熟读书时期 （初中一年级以后）	形成与重建世界观的时期 （18岁以后）	读书战略期 （初中三年级，高中一年级）
		独立读书期 （高中二三年级以后）

根据这些研究阅读能力发展阶段的研究成果（参考图表）以及语文的阅读教育目标，我们可以确定应该从小学二三年级开始培养孩子们的阅读能力。

但是，我个人认为：小学二年级是孩子形成阅读习惯的关键时期，所以从小学二年级开始培养孩子的阅读能力更为理想。

小学二年级是从出声阅读转变到默读的过渡时期，因此只有从小学二年级开始培养阅读能力才能够形成良好的阅读习惯。如果希望孩子能够具备出色的阅读能力，一定不要错过了小学二年级学习能力的培养。

小学三年级开始逐渐拉开的学习成绩差异

某个孩子维持着稳定的学习成绩，而另外一个孩子的学习成绩却起伏不定，这种差异的原因就是阅读能力的差异。

孩子之间的学习成绩差异究竟是从什么时候开始出现的呢？在小学一二年级的时候，大部分学生的成绩都不相上下，学习成绩也没有很大的波动。到了课程内容逐渐加深的小学三年级，就开始出现学习好的孩子和貌似学习好但是成绩很不稳定的孩子。

这时，父母的反应是"无法知道这个孩子的真正实力到底是 90 分还是 60 分。"如果孩子的成绩上下波动很严重，那么就应该将最低的分数 60 分看成孩子的真正实力。

虽然这种观点听起来让人深感遗憾，但是孩子很可能只是因为运气好而偶尔取得了高分也是事实。

既有成绩波动很大的孩子，同时也有一直维持 90 分以上的孩子，**貌似差不多的成绩，但是一个孩子的成绩稳定，而另外一个孩子的成绩不稳定的原因应**

该从阅读能力上来寻找。因为是阅读能力的差异造成了上述现象。

成绩一直名列前茅的孩子因为阅读能力出众，所以有很强的独立解决问题的能力，即使考试试题很难，也不会感觉难到不能解决的程度。

相反，成绩上下波动的孩子因为缺乏独立阅读文章的能力，无法自主地解决问题，所以需要父母或补习班来帮助解答。

然而父母或补习班并没有下力气来寻找孩子成绩下降的真正原因，他们更关心的是眼前的学习成绩，这种倾向造成了阅读能力和成绩的差异。

父母们与其执著于短期的考试成绩，还不如放慢速度，培养孩子独立阅读的能力。

另外，父母和老师只将语文的阅读作为一门功课来看待，丝毫不关心阅读课程本身的功能性，因为他们不知道阅读能够对其他的科目产生何种影响，所以才会出现上述的现象。

在语文学习中可以说仔细地阅读和理解更为重要，即使只要认真地关注到这一点，孩子的阅读能力也会取得相当大的进步。

2. 到底什么是阅读能力？

阅读能力超越了单纯理解文章内容的层次，是指将文章传达的内容进行分析、应用、批判的同时，掌握文章整体含义的能力。为了能够阅读并理解教材或书中的内容，就需要活用到背景知识、词汇、推论、预测、综合、判断、应用等多方面的能力。

阅读能力是什么？

阅读能力超越了单纯理解文章内容的层次，是指将文章传达的内容进行分析、应用、批判的同时，掌握文章整体含义的能力。

本章第一部分已经多次强调过阅读能力与学习能力有着很强的关联性，也许有一半的读者对这种说法点头表示同意，但是在点头的同时，心中可能会产生这样的疑问："对，我已经知道阅读能力重要的原因了，可是阅读能力到底是什么呢？"

• 对是否建大坝持相对意见的两个团体展开了激烈的争论。听过他们的主张之后，来说说自己的想法吧。

社会4-1 30页

准确地说，"阅读能力"是超越了单纯理解文章内容的层次，是将文章传达的内容进行分析、应用、批判的同时，掌握文章整体含义的能力。为了便于理解，下面通过阅读最基本的学习资料——教材，来理解一下阅读能力。

左边的图片是韩国小学四年级第一学期教科书中的一部分，正文上有这样的问题：

对是否建大坝持相对意见的两个团体展开了激烈的争论。听过他们的主张之后，来说说自己的想法吧。

为了解决这个问题，需要以下的阅读能力：

- 充分调动与大坝建设相关的背景知识。
- 能够准确阅读文章词汇的能力和理解能力。
- 阅读文章的同时把握各团体的主张是什么，理由是否确凿。
- 理解、比较并分析双方的意见和主张。
- 以充分的理由作依据，谈一谈自己的感受。

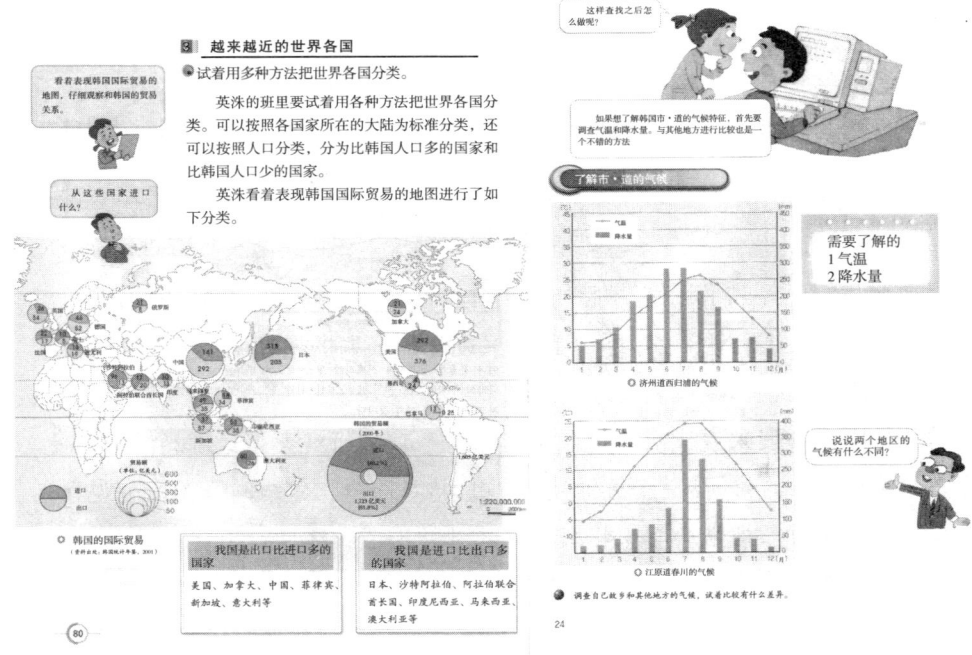

社会6-2 80页　　　　社会4-1 24页

社会学的教科书上画有地图和图表,在出现地图、图表的时候,不要单纯地阅读图表上的数值,而应该将图表与文章中的核心内容联系起来阅读,即综合理解非文字形态出现的资料和文章的核心内容,并对其进行批评和分析,这是阅读能力所要求必须达到的水平。

正如上面所指出的那样,**如果想正确地理解教科书或其他书籍的内容,背景知识的灵活运用、词汇、推论、预测、综合、判断、应用等能力是必须具备的。如果将这些能力概括成一个词即"阅读能力"**。

阅读能力并不是单纯地指孩子有能力或者无能力,而是通过诊断检查得出具体的"某年级水平",因为韩国尚未出台国家层面上诊断阅读能力的检查工具,所以现在只停留在个别地使用非形式化的诊断方法来进行检查的阶段,这种诊断检查的结果被用做评价孩子们阅读能力时的参考资料,是现阶段最具有现实意义的方式。

第1章　阅读能力的差异即学习能力的差异　15

错误的阅读习惯导致阅读能力的下降

最近，存在"跳跃式阅读"问题和属于"机器人症候群"的孩子正在日益增加。如果能够发现孩子在阅读上有问题时，只要针对问题加以解决就可以了。但是现在的父母、老师、孩子都不知道问题究竟出在哪里，这也正是导致孩子们的阅读能力逐渐下降的决定性因素。

现在我们已经知道了阅读能力的准确概念，父母们一定非常想知道自己的孩子是不是能够正确地阅读，阅读能力又处于什么水平呢？

了解孩子阅读习惯的最简单的方法就是观察孩子阅读时的样子。要从什么时候开始呢？一般来说，从孩子开始读书时一直进行观察是最理想的，即使不能做到从最开始的时候进行观察，也至少应该从小学二年级时开始留心观察。

孩子的阅读习惯从小学二年级时已经开始形成，因此，需要从这一时期开始用心观察孩子阅读的样子，如果发现了不正确的阅读习惯，应该马上予以指正。

∷ 导致阅读能力下降的错误的阅读习惯（事例1）

跳跃式阅读

"妈妈，我很奇怪，看书的时候明明还没有读，眼睛就情不自禁地往下走。"这是我读小学二年级的儿子在读伟人传记的时候突然冒出来的一句话。

"你说的是什么话啊！看书的时候眼睛情不自禁地往下走？那不就是说你根本没有看吗？"

我当时非常惊讶，针对孩子读过的部分提了几个问题，他都没有回答上来，真的只是眼睛从文字上划过。如果那时候，孩子没有告诉我这个奇怪的情况，我肯定会觉得喜欢阅读的儿子读书的速度很快，很值得称赞呢！恐怕要看到儿子初中的成绩单时才会开始怀疑孩子的阅读能力，现在觉得很感谢儿子当时说出了那句话。

书是读了，但是没有真正地读，也就是说文字只是一眼带过，文字表达的

内容却没有传达到大脑里，这种现象是孩子们从出声阅读转化到默读时期经常出现的症状，但是父母或老师却很难发现这种问题。

当然，这一症状也有可能是阅读的内容远远超出自身的水平时出现的恐慌现象，但是从这一时期的孩子身上看到的症状却多与此无关。

孩子从小学二年级开始用眼睛阅读，这个时候，父母需要对孩子的阅读水平和速度进行检测。同时，还要看孩子是否在跳跃式阅读，孩子的阅读能力水平与孩子就读的年级水平是否吻合。

●父母诊断孩子错误的阅读习惯

- 与孩子一起读几页他们正在阅读的书。
- 测定孩子读书的速度。
- 让孩子回想阅读的内容。
- 通过提问的方式来确认孩子对文章内容的理解程度。

下面通过实例来进行一次父母也可以操作的跳跃式阅读的诊断。

【阅读资料】

老大夫像和面一样按摩完母亲的大腿之后，从针灸箱子里取出针，开始对母亲的大腿进行针灸。过了一会儿，老大夫将针拔出，在扎针的地方贴上了像膏药一样的药，然后再用布包扎了起来。

"现在站起来走动一下"，老大夫对母亲说。

母亲小心翼翼地站起来，试着走动了一下。许俊仔细地观察着母亲走动的姿态，母亲好像什么问题都没有似的走动着。

"真是很神奇，几根绣花针一样细细的针就能立刻让母亲正常走动了！"

在年幼的许俊眼中，老大夫就像神仙一般，因此，他开始第一次仔细思考大夫究竟是做什么的。

"人活着就会生病，大夫能治好这些人的病。"

在十字路口，老大夫和许俊一家分手了，舅舅和母亲向老大夫深深地鞠了一个躬，许俊带着崇敬的目光望着老大夫，行了礼，老大夫仔细地打量许俊，脸上浮现出了微笑。

——引自《振兴朝鲜医学的许俊》

【阅读速度】

默读：　　　　诵读：

【回忆】

____老大夫给母亲的腿做按摩以后，

____从针灸箱子里取出针，对母亲的大腿进行针灸。

____过了一会儿，将针拔出来，在扎针的地方贴上了像膏药一样的药，然后用布包扎了起来。

____母亲小心翼翼地站起来，试着走动了一下。

____神奇的是，居然一点都不痛，能正常地走动了。

____"几根细细的针就立刻能让母亲正常走动了！"

____在年幼的许俊眼中，老大夫好像神仙一般。

____许俊开始第一次仔细思考大夫究竟是做什么的。

____"人活着就会生病，大夫能治好这些人的病。"

____在十字路口，老大夫和许俊一家分手了。

____许俊带着崇敬的目光望着老大夫，行了礼。

____老大夫仔细地打量许俊，脸上浮现出了微笑。

*回忆阅读过的内容，然后将内容按照顺序填写在空格中，通过这样的诊断可以看出孩子是否按正确的顺序进行了回忆，回忆的内容是否正确。

【内容理解】

事实性问题：

1. 老大夫是怎样为许俊母亲治疗的？

2. 许俊看着母亲好像什么问题都没有似的走动着，感到很神奇，是什么事情让他感觉到神奇呢？

3. 许俊认为大夫是做什么事情的？

推理性问题：

1. 许俊的母亲治愈的过程中，像绣花针一样的东西是什么？

2. 许俊为什么觉得老大夫像神仙一样？

如果诊断结果是能够回想起 70% 以上的内容，并且正确地回答了上述的问题，就可以判断出孩子已经基本理解了文章的内容。但是，如果诊断的结果是回想起不到 50% 的内容，回答问题的正确率也在 50% 以下，则应该怀疑孩子是否有跳跃式阅读的问题了。

* 此方法也可以用来诊断阅读能力，在这里是用来判断孩子是否在进行"跳跃式阅读"。

::导致阅读能力下降的错误的阅读习惯（事例2）

不知道含义，仍在继续阅读（机器人症候群）

"都读完了，但内容太难了。""哪个部分难呢？""全都不明白。"

惠京现在是初中二年级的学生，她将书全部读完了以后却不知道书的内容是什么，并且最大的问题是她只是说书的内容太难理解，却又说不出究竟是哪一部分难。

像惠京一样，不能掌握书的内容，只是像充了电的机器人一样机械地阅读的孩子有很多,特别是在教科书内容突然加深的初中阶段,这个症状最容易出现。孩子们的头脑已完全处于一片空白的恐慌状态，却木讷而机械地向后翻着书页，等把书翻过一遍以后便说自己已经把书读完了，这样，便会出现在书桌前学习的时间很长，但是学习成绩却不断下降的现象。这种现象看起来与小学低年级时出现的"跳跃式阅读"相类似，但要比"跳跃式阅读"严重得多，是一定要改正的不良阅读习惯。

◉ "机器人症候群"的自我诊断方法

- 读书时，没有任何想法，独自发呆。
- 虽然在不停地翻书，但是连前一页的内容也记不住。
- 明明是针对书中的内容提问，他们却想不出书中出现过此内容。
- 如果问他们是否有理解困难的部分，他们会回答没有，但却回答不出问题。

如果孩子有上述现象中的一项，就应该怀疑孩子是否患有"机器人症候群"，这个现象需要父母或老师通过仔细地观察孩子的阅读情况，并进行提问才能被发现的。如果孩子能够将这样的困惑说出来，当然是最值得庆幸的，但大部分情况是孩子无法发现自己存在这样的问题，即使发现了，也有很多孩子因为害怕被责备，或害怕父母强行增加更多的学习任务而不敢说出来。

如果能够发现孩子在阅读上有问题时，只要针对问题加以解决就可以了。但是现在的父母、老师、孩子都不知道问题究竟出在哪里，这也正是导致孩子们的阅读能力逐渐下降的首要原因。

因此，最受苦的还是孩子，虽然他们也希望自己的学习成绩好，却总不能如愿以偿，结果身心俱疲，甚至会产生放弃的想法。为了避免出现这种危险的状况，父母们需要多花费点心思，尽快发现孩子的不良阅读习惯，并帮助孩子解决问题，只有这样，孩子们才能够以更轻松的心态去体会学习的乐趣。

从现在开始，父母应该关注一下自己的孩子在读什么样的书，是否能够记住书中的内容，是否存在困难，如果有困难，又是什么样的困难。正如我们在前面就已经反复强调的：孩子的阅读能力决定着学习能力。

第2章
小学时的阅读能力能够一直影响到大学阶段
——阅读能力，从什么时候开始培养呢？

1. 阅读能力差的孩子会出现什么问题呢？

虽然读完了书，却不知道是什么内容
读完书后，还分不清自己知道什么，不知道什么
无法集中精力阅读，找不出核心内容
听力和口语差，成绩一直下滑
找到孩子的阅读问题

2. 怎样培养阅读能力？

小学二年级开始积累的阅读能力一直影响到大学
根据文章的类型，有目的地阅读
最大程度地调动背景知识
最大程度地活用背景知识
最大程度地提高词汇能力
出声思考
一边提问，一边阅读
阅读时先判断什么内容比较重要
阅读的同时做好笔记

1. 阅读能力差的孩子会出现什么问题呢?

阅读能力差的孩子大体上会存在这样的一些问题:虽然读完了书,却不知道是什么内容;读完书后,还分不清自己知道什么,不知道什么;无法集中精力进行阅读,找不出核心内容;听力和口语差、成绩一直下滑。

虽然读完了书，却不知道是什么内容

阅读了教材以后却不知道是什么内容，只是一味地说难，这就是因为阅读能力低下造成的结果。

正在读初中二年级的真善觉得历史课太难了，她抱怨即使在学校和补习班里学过了以后，也还是不能完全理解，因为需要背诵的内容太多，一转眼就忘记了，所以学得非常吃力。

如果在学校和在补习班里各学一遍，就意味着将相同的内容反复学习了两遍，但是还是不能理解，一味地说太难，这种现象让人很难理解。更严重的问题是：阅读课本后不能理解内容的科目不仅仅是历史。在这种情况下，应该关注的不是真善觉得哪一门功课吃力，而是她的阅读能力处于什么水平。

像真善这样，抱怨书本内容读了以后也不知道是什么意思的孩子们实际上是不会边读边思考，而将注意力集中在了阅读行为的本身。

特别是在阅读以背诵为主的社会学教科书时，因为有需要将所有内容背诵下来的压力，所以从一开始就没有边理解边阅读，而是一味地死记硬背，结果可想而知。他们不知道只有充分理解了，才能够更好地记忆。反过来想一想，他们是不是因为不能理解内容，才拼命地要背诵下来呢？这样想就会觉得像真善这样的孩子们真的很可怜。

将众多问题综合起来分析的结果是：真善的最大问题在于阅读能力远远低于就读年级的水平。大脑里什么内容都没记下，却还要一直坐在书桌旁，这是一件多么吃力的事情啊！如果这种状态一直持续下去，真善就会变成只要一提学习就会很头痛的学生，从此与学习渐行渐远。

当然，历史课堂上的学习不仅让真善感觉到难，就连阅读能力很强的学生也会感觉难，需要背诵从古代开始的各种各样的历史事件，还有极易混淆的历代皇帝的名字，对任何人来说都不可能是件容易的事情。

但是，**阅读能力强的孩子在阅读难度较大的内容时能有效理解并独立分析，**

相反，阅读能力差的孩子甚至无法把握文章的脉络。如果这样学习下去，不但不能够积累学习策略，甚至还可能成为孩子们放弃学习的原因。既然用功了也不行，还怎么能一直坚持下去呢？这是理所当然的事情。

像真善这样，虽然用功地阅读了，却跟没有阅读一样的"空读"症状最早可能出现在小学低年级，起初还并不明显。但"空读"症状从阅读内容增加的小学高年级开始会慢慢显现，到初中变得相当严重。

问题变得严峻以后，解决起来就需要花费很长的时间。因此，父母应该在为阅读能力打基础的小学二年级时开始检查孩子的阅读能力，并帮助其进行提高，同时更应该让孩子们认识到阅读能力的重要性，这是因为如果只有父母认为是问题，而孩子们不认为是问题的话，就无法使问题得到彻底解决。

读完书后，还分不清自己知道什么，不知道什么

准确地知道自己知道什么，不知道什么的能力叫作"初认知能力"，具备出色阅读能力的孩子是初认知能力强的孩子。

"有问题吗？如果不懂的话可以提问。"
"……"

这是上课结束后，教室里经常看到的景象，老师们问是否有问题，学生们不知道应该问什么，只是眼睛一眨一眨地望着老师，他们只希望能够尽快下课。

问题多的学生在课堂上会积极参与，积极参与的学生会主动地读书。这样的孩子能够很准确地判断学习的内容中哪一部分已经理解了，哪一部分还没有理解。准确地知道自己知道什么，不知道什么的能力叫作"初认知能力"，具备

出色阅读能力的孩子也就是初认知能力强的孩子。初认知能力强的孩子在读书的时候如果遇到不容易理解的内容，他们会自主地制订阅读战略，会自动调节阅读速度，或是重新阅读前面的部分。

但是，初认知能力不强的孩子虽然在读书，却不知道自己对书本的内容是否已充分理解了，还有哪一部分没有理解。因为不知道问题在哪里，所以也就无法找到解决问题的方法。

更糟糕的是，因为他们只将注意力放在阅读本身上，即使不理解书本的内容，也会误认为自己已经全部理解了，所以他们虽然学习的时间很长，阅读的书也很多，但是成绩却还是不好。

阅读的中心是"我"，阅读的过程中如果出现了问题，能够解决问题的也是"我"，首先孩子应该准确地知道自己的阅读能力水平，进而找出自身的问题并找到解决问题的办法。

阅读能力

无法集中精力阅读，找不出核心内容

不能集中精力阅读主要是因为书的内容与自身的阅读水平不符，或者因为没有背景知识而无法感受到读书的乐趣。

眼睛固定在书本上，却迟迟不翻页，这并不是在读书，只是呆呆地盯着书看而已，这种症状是因为不能集中精力进行阅读而引起的。不能集中精力进行阅读的原因在于书的内容与自身的阅读能力水平不符，或者说是因为对书的内容没有任何的背景知识，所以感觉生疏、没兴趣。

如果是因为书的内容与自身的阅读能力不相符而无法阅读，那么就需要使书的内容符合自身的阅读水平，但如果是因为对要阅读的书没有任何背景知识而无法集中精力阅读下去的话，问题就不一样了。

如果对书本的内容需要有一些背景知识，那么就需要通过提问等方式将记忆中的背景知识全部调动出来，或者重新阅读与背景知识相关的书籍，从现在开始积累新的背景知识。**背景知识一旦积累起来，是在任何时候都可以调动出来使用的，也是可以随时重新积累的。**

如果父母或者老师产生了"孩子觉得这本书难"的想法，与其一边教，一边让孩子吃力地读，不如找一本相关主题的相对简单的书让孩子阅读。

因为孩子只有能动地激发起自己的好奇心，才能更容易地积累背景知识，进而从阅读中感觉到乐趣。即使以后读到感觉困难的书，也会因为书中处处有自己知道的内容，而不再像从前那样只是一味地说难。

如果已经挑选了很简单的书，也还是不能够调动起孩子的好奇心，那么也可以选择漫画或者动画资料等孩子喜欢的方式。

听力和口语差，成绩一直下滑

听力和阅读在理解内容的层面上并没有什么区别，阅读能力很强的孩子在听别人说话时会立即对说话的内容进行整理，同时对将来可能会说的话进行预测，所以阅读能力强的孩子学习能力也好。

"嗯？什么？再说一次。"

听对方说话或看电视的时候，有的孩子会经常向旁边的人询问那个人说了什么，为什么会说这样的话或为什么会有这样的行动等等，这都是因为他不能够及时理解对方的语言或行动。**如果没有其他的特别原因，孩子的听力不好大部分是因为阅读能力差引起的。**

因为听力和阅读在理解上差别不大，只是听力是声音语言，而阅读是文字语言罢了。

有很强阅读能力的孩子在听别人说话时也会立即对说话的内容进行整理，同时对将来可能会说的话进行预测和推测，在对话过程中，即使漏听了几句话，也能够很快地知道对方刚才说过什么话,并能够迅速把握对方说话的意图。

相反,阅读能力差的孩子在对话时不能够集中精力,也不能够有条理地表达出自己想说的话,所以他们经常会不理解对方所说的话和所做的行动,反复地进行提问。

大部分的孩子会随着年级的升高而成绩有所下降,这是因为孩子的阅读能力水平没有及时地随年级的增加而提高。随着学年的升高,句子会越来越长,难懂的词汇也会出现更多,书上的字体逐渐变小,内容密密麻麻。人们普遍认为孩子既然年级升高了,就应该理所当然地具有更高的阅读能力,没有一个人教孩子们阅读的方法,这是因为长辈们误认为孩子只要阅读就一定能够理解。

孩子年级升高后,父母应该首先检查孩子的阅读能力是否与他的年级水平相符,如果不能达到,则需要培养孩子的阅读能力,使之与就读的年级水平相符,这才是提高成绩的最佳方法。

找到孩子的阅读问题

如果存在问题,就一定有解决的办法。

下面是孩子在阅读的时候可能出现的问题,父母在与孩子一起阅读后,将与自己孩子情况相符合的内容标记出来。

:: 诊断阅读障碍的方法

① 不管怎样努力,课堂上也无法集中精力听讲。
② 对话的时候,会说出与自己想法完全不一样的话。

③ 自己认为考试里会出现的问题一个都没有出现。
④ 尽管拼命地学习，成绩也没有什么提高。
⑤ 觉得已经准备得很完美了，还是会出现一两个错误。
⑥ 做错的问题，如果由父母朗读一遍后，便可以做对。
⑦ 随着年级的增长，成绩一直下滑。
⑧ 课本上的内容好像都很重要。
⑨ 读书的进度很慢。
⑩ 明明是读过的内容，却很难找到在书中的哪个位置。
⑪ 如果父母或课外辅导老师不帮忙，就会担心成绩下降。
⑫ 并不清楚正在阅读的部分是什么内容，却在反复机械地阅读。
⑬ 几乎没有仔细读过书的标题、卷首语、目录、题目等。
⑭ 阅读过程中如果觉得没有意思就放下不读了。
⑮ 读书的速度比朋友们慢。
⑯ 即使没有不知道的生词，也很难掌握文章的意思。
⑰ 经常按照字面的意思去理解隐喻的表达。
⑱ 很难找到与应用问题相关的解题方法。
⑲ 如果登场人物较多，就会感觉混乱。
⑳ 英语考试中，与其他部分相比，阅读部分的成绩最差。
㉑ 虽然已经读过了，但是如果针对书中的内容进行提问，却还是回答不上来。

与孩子情况相符的内容如果少于3项，则说明孩子已经具备了一定程度的阅读能力。但即使如此，也应该针对存在的问题进行解决和完善。如果孩子独自解决起来很困难的话，可以在父母或老师的帮助下提高阅读能力。如果相符的内容多于10项，则需要立即找相关专家商谈解决的办法，时间拖得越久，问题就会变得越严峻。

2. 怎样培养阅读能力？

为了提高阅读能力，在阅读文章的时候，首先要准确地理解词汇和句子的意思，区分重要的内容和不重要的内容，并在出现难以理解的内容时，调动起自己已掌握的所有知识和经验，以方便理解。同时，通过反复阅读或借助其他资料来扩大背景知识。

小学二年级开始积累的阅读能力
一直影响到大学

阅读能力一旦增强，学习能力、会话、听力、写作能力都会随之提高。

进入初中以后，经常会听到这样的话："初中一年级第一学期的期中考试成绩会一直持续到高中三年级。"

由于受这种说法的影响，家长们会动用所有的方法，让孩子像打仗一样去考第一次试，结果却不尽如人意。这是因为孩子没有具备最基本的阅读能力，仅为考试作临时准备是没有办法提高学习成绩的。因此，与其相信上述观点，还不如牢记"小学二年级开始积累的阅读能力会一直影响到大学"。

初中阶段的学习与小学阶段的学习不同，科目增多、教科书加厚，内容也变得很难。尽管很多孩子打开课本想努力学习却一页也翻不动，最后只有选择放弃自学，而将所有的希望寄托在补习班。

但是，从小学二年级开始一点一点培养阅读能力的孩子，不管阅读的内容有多么难，都会试图用自己的力量阅读并理解课本的内容，然后成为在年级名列前茅的学生。这是因为如果阅读能力增强，学习、会话、听力、写作能力都会随之提高的缘故。

阅读能力好的孩子在阅读文章的时候，会准确地理解词汇和句子的意思，区分出重要的内容和不重要的内容。即使出现难以理解的内容时，他们也会调动自己所有的背景知识和经验，反复阅读或查找其他资料，然后将文章的内容与自身的背景知识联系起来，应用到相关的情况中，或将已有的知识进行总结进而创造出新的知识。

也就是说能够很好地理解文章内容的人会根据具体情况来灵活使用不同的"战略"。"阅读战略"是为了把握文章的含义而使用的各种阅读方法。下面就来了解一下提高阅读能力的方法吧。

∷ 提高阅读能力的八种战略

① 根据文章的类型，有目的地阅读
② 调动背景知识
③ 活用背景知识
④ 提高词汇能力
⑤ 出声思考
⑥ 一边提问，一边阅读
⑦ 阅读时先判断什么内容比较重要
⑧ 阅读的同时做好笔记

根据文章的类型，有目的地阅读

阅读文章之前，如果先设定了阅读目的，就可以集中精力关注文章的内容，同时也更易于判断哪一部分重要，然后将必要的内容挑出来阅读。

我们每天都会阅读大量的文章、新闻、与报纸一起送来的传单、地铁路线图、路牌、小说、杂志、邮件、产品说明书、食品的有效期、字典、孩子的成绩单等等，真是数不胜数。

大部分的成年人在阅读这些资料之前，都会先判断什么内容对自己重要，然后根据判断结果来区分应该先阅读什么，仔细阅读什么，又可以略过什么。因为只有这样才能够节省时间去做其他事情。

我们不会盲目地阅读文章，没有目的性的阅读正如向没有靶子的天空放箭一样，无论是否集中精力，都是没有任何乐趣和结果的。

如果想培养孩子的阅读能力，首先就需要让孩子准确地了解读书的目的是什么。实验[2]证明了带着目的进行阅读的重要性，下面就让孩子们参与到实验中来，切实地感受一下。

::阅读能力提高战略

【阅读资料】

两个少年沿着从门口通向房子的路一直跑到尽头。

"我就说嘛，星期四妈妈不在家，是逃课的好日子。"麦克对彼得说。

因为路边的篱笆墙挡住了两个少年的视线，所以他们穿过修剪得很整齐的草坪，悄悄地向房子的方向走去。

"真不知道你们家这么大"，彼得说。

"嗯，现在的房子比以前好多了，爸爸重新换了暖炉里的壁砖。"

房子有正门、后门还有与车库相连的侧门，车库里面只有一辆十级变速的自行车。推开侧门，进到房子里面，麦克说因为妹妹经常比妈妈早回家，所以侧门总是开着的。

一听彼得说想参观一下房子，麦克便带着彼得从客厅开始参观，客厅的墙和地下室的墙一样，都是重新粉刷过的。

麦克打开了留声机，彼得担心地问他声音会不会太大。

"别担心，离这里最近的房子也在 400 米以外。"麦克说。

彼得向四周望了一下，发现果然看不到其他的房子后才放下心来。

餐厅里摆满了各种瓷器、银制的餐具和玻璃杯，两个少年觉得在餐厅里玩耍不是很方便，便在厨房里做三明治吃。麦克说地下室重新换了水管后，里面充满了湿气，而且相当杂乱，所以最好还是不要去地下室了。

麦克带着彼得朝书房的方向走，边走边说："这里是我爸爸保管名画和收藏

---

[2] Anderson, R.C.& Pritchard, R. (1990). The Effects of cultural schema on reading processing strategies. *Reading Research Quarterly*. Tovani, Cris (2000). I Read It, But I Don't Get It: Stenhouse Pub.

铜钱的地方。"麦克炫耀说："因为爸爸常常在书桌的抽屉里放很多钱，所以需要钱的时候随时都可以拿出来用。"

家里有三个卧室，麦克让彼得看了挂满了皮草衣服的衣柜和保管珠宝首饰的保险箱，这是妈妈的房间。妹妹的房间除了有彩色电视机以外没有什么值得看的。麦克又炫耀说，爸爸不久前在妹妹房间的旁边新建了卫生间，因此客厅旁边的卫生间成了自己的专用。但是，在麦克的房间里，最先映入眼帘的却是因长时间失修而正在滴水的天棚。

——引自《改变孩子一生的读书法》中《参观麦克的家》

【实验方法】

① 阅读文章，将自己认为重要的部分用黑色的笔标示出来。
② 再读一次，试想如果家里失窃，将窃贼会仔细查看的部分用蓝色的笔标示出来。
③ 再重新读一次，试想如果有人想购买这幢房子，他会仔细查看房子的什么部分，请用红色的笔标示出来。
④ 将②③标出来的内容进行比较，说出有什么不同及理由。
⑤ 记录下窃贼和想购买房子的人各自认为重要的东西，并说明理由。

【试验结果】

1. 值得小偷注意的内容	2. 值得买房人注意的内容
·星期四妈妈不在家。 ·侧门总是开着。 ·车库里除了一辆十级变速的自行车以外什么都没有。 ·距离邻居家400多米。 ·四周看不到别的房子。 ·餐厅里堆满了瓷器和银质的餐具及玻璃杯。 ·书房里保存着名画和收藏的铜钱。 ·麦克的父亲把相当多的钱放在书桌的抽屉里。 ·挂满了皮草衣服的衣柜，放着珠宝的保险箱。 ·妹妹房间里的彩色电视机。	·房子非常大。 ·距离邻居家400多米。 ·四周看不到别的房子。 ·草坪修剪得很漂亮的庭院。 ·前门、后门及和车库相连的侧门。 ·壁炉上新贴的壁砖。 ·客厅的墙壁与地下室的墙壁一样，都重新粉刷过。 ·地下室水管重新换过以后，充满了湿气，很杂乱。 ·有三间卧室。 ·妹妹房间的旁边重新建了卫生间。 ·麦克的房间里首先映入眼帘的是长期失修而不停滴水的天棚。

通过实验可以发现与没有目的性的阅读相比，在进行有目的的阅读时，掌握文章的内容会更加容易。对读者来说，根据阅读目的的不同，重要的部分也会随之不同。

正如前面所说明的那样，如果在阅读前设定好阅读目的，就可以将注意力集中在文章上，只挑选出必要的部分进行阅读，这样就容易区分出重要的内容和不重要的内容，可以节省阅读的时间。

所以，**父母和老师应该告诉孩子，在阅读之前一定要首先设定阅读目的，根据不同的目的，采取不同的阅读方法。**

阅读漫画书的时候，不需要花费我们太多的思考时间。但如果是为了准备考试而阅读教科书时，则需要一边阅读，一边判断在这一段落中哪一部分更重要，并将核心部分记录下来，再反复地仔细阅读。如果是为了完成作业而查找资料，则需要先看目录，将自己需要的部分找出来再进行阅读。如果孩子能够根据文章的种类和阅读的目的使用不同的阅读方法来进行阅读，就能够节省出许多宝贵的时间和精力。

最大程度地调动背景知识

背景知识越多越好，越多地运用背景知识，则阅读能力就越强。

背景知识指的是看到、听到、读到和体验到的一切。阅读能力强的孩子在阅读的时候能够很好地调动起自己的背景知识。如果新信息与我们已经知道的信息毫无关联时，我们的大脑就会将其判断为不重要的信息，很容易就被忘记。所以只有在阅读的过程中将自己的背景知识充分地调动出来，才能够提高我们的阅读能力和学习能力。下面就让我们来仔细地了解一下背景知识在提高阅读能力方面所起到的重要作用。

∷阅读能力提高战略2

① 背景知识能够帮助读者正确地理解文章。

阅读文章的时候，与文章相关的个人知识和经验对理解文章的内容起着决定性的作用。如果是出生在热带，从来没有体验过严寒，没有看见过下雪的人，可能会很难理解"天寒地冻的天气里，孩子们的手都冻硬了，但是为了打雪仗，丝毫感觉不到寒冷。"这样的内容。

也许他们所认为的寒冷天气，在我们看来只是有一些寒意。另外，因为不知道雪是什么，他们很可能会把雪想象成孩子们的玩具。因此没有体验过严寒和下雪的人是很难理解以上内容的。

但是，如果这个人通过书、报纸或者视频积累了许多关于冬天和雪的相关知识，或者直接看到过下雪的话会怎么样呢？那么他在阅读这篇文章时，应该很快就可以理解文章的内容了。因此，背景知识对阅读水平起到了重要的决定性作用。

② 背景知识使读者更积极地阅读。

一定的背景知识会使读者对文章的内容产生好奇心，并能够预测到文章接下去会怎样展开。因为在激发所有的背景知识进行阅读时，可以使自己的想法和好奇心得到不断的确认，所以读者能够以更积极的态度去阅读。这种"积极的阅读"不但能够成为更迅速地理解内容的原动力，而且还能够使记忆力不断提高。

为了证明阅读的积极性与背景知识之间的关系，我们进行了下面的实验。首先向6岁的柳京、8岁的柳真和一星展示了书的封面，同时告诉他们："这是一本叫作《孵蛋的狐狸》的书，请大家说一说看到封面后产生了什么想法，这本书里会是什么样的内容呢？"

《孵蛋的狐狸》

第2章　小学时的阅读能力能够一直影响到大学阶段　　35

姓名	背景知识	答案
金柳京（6岁）	没有特别的背景知识。	• 鸟宝宝很可爱。 • 鸟宝宝和狐狸很亲近。
金柳真（8岁）	• 蛋是鸟下的。 • 狐狸抓鸟吃。 • 鸟妈妈孵蛋，鸟宝宝才能出生。 • 大部分的书里面出现的狐狸都是很坏的。	• 狐狸和鸟看起来很亲密。 • 但是狐狸本身不会孵蛋。 • 好像是狐狸装作跟鸟很亲近，然后把鸟抓来吃。
朴一星（8岁）	知道狗和猫的关系并不亲近，但是不久前在电视里看到了失去妈妈的小猫被狗喂养的场面。	好像是狐狸孵化着失去了妈妈的鸟蛋，小鸟出生后，由狐狸喂养。

对狐狸和鸟没有任何背景知识的6岁的柳京看到图片后会产生茫然的想法，有常识性背景知识的柳真因无法理解为什么狐狸和鸟会亲近，而觉得很奇怪，于是预想到狐狸一定是有什么阴谋。相反，原本以为狗和猫的关系并不亲近，但是在电视上看到狗给小猫喂奶的一星则比柳真更进一步，他预测到狐狸会喂养小鸟。

因此，读者背景知识丰富程度的不同，对文章的解释也会不同。拥有充分的背景知识可以使读者进行丰富的想象，进而引发好奇心，促使其开始阅读。与没有任何想法地翻开书相比，他们会有更高层次的理解、想象和预测。

③ 背景知识可以创造出更多的背景知识。

背景知识就像是小小的白矾块儿一样，会使扩散在水中的白矾结晶聚集在一起。如果没有白矾块儿，溶解在水中的白矾结晶就无法聚集在一起，但是哪怕有很小的一块儿，也能够使小结晶们自然地附着上。

阅读也是如此，即使你拥有的背景知识不是很多，但在阅读相关书籍的时候也会起到很大的作用。这是因为背景知识不仅可以帮助读者理解文章的内容，而且还可以使一点点的背景知识逐渐汇集，形成更多的背景知识。

例如，需要阅读与建筑相关的书籍，对于那些已有一定知识背景的成年人来说，也会因为觉得建筑的相关术语和图画比较陌生，而很难充分地理解书的内容。但如果是平时对盖房子很感兴趣，阅读过很多建筑方面书籍的人，或者是在实际的工地上哪怕仅仅堆过砖头的人，在读这方面书籍的时候就不会感觉书的内容有多么难。因为看到熟悉的信息时，他们会产生浓厚的兴趣，进而津津有味地读下去。

小学四年级的学生贤硕非常喜欢科学，即使是初中水平的科学类书籍他也能够毫不费力地阅读下去。但是他对历史方面的书籍却非常不感兴趣，即使妈妈买回家来，他也是应付了事。

贤硕之所以非常喜欢与科学相关的书籍是因为他通过长时间地阅读科学书籍，已积累了大量与科学相关的背景知识，这些背景知识使贤硕能够很容易地理解书中的内容，因此，即使内容很难，贤硕也可以调动自身的背景知识，津津有味地阅读。相反，因为他缺乏与历史相关的背景知识，所以在阅读历史书籍的时候就体会不到乐趣，无法读下去。

如果有像贤硕这样对某一领域的书籍特别感兴趣的孩子，家长就应该针对他没有兴趣的领域，选择低水平的书籍，使他在这一领域的背景知识能够得到积累，进而才能对相关的书籍产生兴趣。这一点点的背景知识即是一块儿小小的白矾，能够将其他的白矾结晶汇聚起来。

④ 背景知识使文章内容更容易记忆。

阅读了文章之后却记不住文章内容，这是因为缺乏与文章内容相关的经验。

小学三年级的英植很不喜欢读书，因此我们对英植的回想能力进行了检测，检测的结果发现他记不得文章的整体内容，但是对某一部分的记忆则非常清楚。他记得最清楚的就是下面这部分。

某个孩子拿来了新的游戏机，民洙说要摸一摸，但是那个孩子却说不行，立即把游戏机拿走了，民洙生气地说："哼，破游戏机。"那个孩子说："如果你想要，你也买啊。"

英植说他曾经有过相似的经历，所以记得很清楚。但即使没有这样直接的经历，孩子们通过电视和书籍等方式获得了与文章内容相关的间接知识后，也会相对清晰地记住书中的内容。他们会将头脑中已有的信息与新信息相互结合，作出对此信息非常重要的判断，进而能够容易而且准确的记忆。

⑤ 背景知识能够形成认同感，从而促使读者对文章进行更为深入的赏析。

"老师，这个家庭的气氛跟我们家很像，我爷爷也是只喜欢长孙，所以只疼我哥哥一个人。如果去爷爷家，爷爷奶奶会说'啊呀，我的大孙子回来了。'轮着照顾哥哥。尽管妈妈也去了，我也去了，可是他们好像根本没看见我们。"

这是小学六年级的贞贤阅读《木兰树我的家》中描述关于重男轻女问题时说出的话，贞贤可能是从祖父母那里受到过与男孩不同的待遇。

像这样，如果有着与书中人物相似的经历，读者就会将书中人物与自身等同化，将自身的背景知识与书中的内容结合起来，从中受到更多的感动，觉得书中的每一件事情都好像是自己亲身经历的一样，因此会更深入地投入到阅读中，并对书的主题产生更深层次的思考。

⑥ 背景知识使读者更好地了解书的结构，提高推理能力。

我们经常会称内容和结构紧凑的文章为好文章，因为这样的文章能使读者进行有效地预测和推理，并进行系统化地整理。阅读过很多好文章的孩子具有了与文章结构相关的背景知识，在阅读新文章的时候就不会错过文章的重要脉络了。

例如，阅读过很多古代故事的孩子在头脑中就已经清晰地印刻着古代故事的结构，"古代故事中的主人公一般都会经历三次重要的事情，所以这个主人公接下来应该还会做出一件大事。""现在主人公虽然在受苦，但是一定会出现帮助主人公的人。"这些孩子会像这样一边预测，一边阅读。另外，对文章结构的背景知识的把握不仅仅是在阅读的时候有帮助，在写作时也同样能够发挥很大的作用，使孩子写出结构紧凑的好文章。

⑦ 背景知识使文章的内容可视化。

铁轨旁

　　　　尹硕中

铁轨旁草屋中的小宝宝。
呼哧
呼哧呼哧
呼哧呼哧呼哧呼哧
虽然火车声音很嘈杂
但小宝宝还是睡得很香甜。

仁京画的图画

小学三年级的仁京在阅读童谣的时候，想象中的场景便如画面般浮现在大脑中，她说："在头脑中一边想象诗中的场景，一边读童谣，就好像能够听见火车的声音和妈妈唱催眠曲的声音。妈妈因为担心孩子被火车的声音吵醒，就一直在给宝宝唱催眠曲。我妈妈一听到外面洗衣房大叔叫'洗衣服嘞'，也会赶紧去看弟弟是不是被吵醒了。"仁京将自己的经历和童谣结合起来进行了赏析。

如果能够像仁京这样在阅读的同时，将文章的内容视觉化，对理解文章的内容以及人物的情感是很有帮助的。

阅读能力

最大程度地活用背景知识

阅读文章的时候，需要时时刻刻将自身的经验和知识最大程度地调动起来并加以灵活运用，只有这样才能加深对文章的理解程度。

为了记住新的信息，需要将新信息与头脑中已有的知识综合联系起来，因此需要我们在阅读的时候将自身的知识和经验最大程度地调动出来，找到与文章相关的结合点。

但是，我们通过考察可以发现：孩子们要么丝毫没有发觉已有的知识与正在阅读的文章存在联系这一事实，要么在扩大相互关联度时还存在着困难。帮助这样的孩子最好的方法就是，告诉他们在阅读的时候要时时刻刻地将阅读内容与自身的经验相结合，并对孩子们加强此方面的训练。那么，下面就来了解一下怎样才能够最大程度地活用背景知识。

::阅读能力提高战略3

① **阅读文章之前，首先调动背景知识。**

父母和老师应该在孩子要阅读某篇文章之前检查孩子是否已具有与文章的主题相关的背景知识。如果孩子不具备这样的相关背景知识，则需要在孩子阅读前提供一些信息，使孩子在阅读新的文章时不会感觉到有太大的困难。如果孩子已经具备了相关的背景知识，则需要指导孩子在阅读时将背景知识最大程度地调动出来，并在阅读时加以有效地运用。

② **寻找KWL。**

KWL是帮助读者在阅读前回想相关背景知识的一种战略方法。其具体过程是在阅读前先想想与主题相关的已知内容（know），然后对阅读文章后想了解的内容（want to know）进行整理，并在阅读过程中随时确认自己已知的内容是否正确，最后在阅读结束后，再对内容进行整理（learned）。通过这个过程，读者就能够充分地理解文章的内容，使好奇心得到满足，同时还能够体会到阅读的乐趣，这样的体验越多，就越能够以积极的姿态进行阅读。

③ **通过积极思考扩大背景知识的范围。**

这是寻找自身的背景知识和将要阅读的文章主题之间结合点的战略练习。通过这种练习，可以获得将自身的经验和文章的主题结合起来的能力。

假如我们现在要阅读《狗粪》这本书，书中的内容是这样的：杜里家的小狗在墙角拉了屎，所有看到狗粪的人都说："真脏啊，一点用处也没有。"然后纷纷躲开了。但是没有任何用处的狗粪最后却变成了肥料，使美丽的蒲公英花得以绽放。

在孩子阅读这本书之前，可以先问问他们："如果你走在路上，看到了狗粪，会产生什么样的想法呢？""为什么大家看到狗粪会皱眉头呢？"

通过这样的问题，可以让孩子与书中的那些看到狗粪说肮脏、没有用处的人形成共鸣。

然后，继续问孩子这样的问题：

"现在，你觉得什么对你来说是没有用处的呢？""如果没有了这个东西，你会觉得更幸福吗？""有没有因为觉得没有用处而扔掉了某件东西，后来又后悔的经历呢？"

先和孩子谈论一下平时认为没有用处的东西或物品，然后再引导孩子仔细思考这些东西或物品还有什么其他用处，在这样多思考的基础上读书，孩子便能够更容易而且更深刻地理解文章的主题。

最大程度地提高词汇能力

词汇能力是理解文章时最重要的要素，认知词汇的多少决定着与文章的沟通程度。

阅读的过程可以说是读者与作家进行沟通的过程，对作家所使用的词汇的理解程度决定了读者与作家沟通的程度。

阅读专家指出，如果文章中出现读者不知道的词汇达到70%以上，读者就无法正确地理解文章，因为文章是由众多词汇构成的，所以出现上述结果是理所当然的。

词汇能力是"贫愈贫，富愈富"，知道了一个词汇的含义，则知道了这个词汇周围的世界。举例来说，如果知道了"学校"这个词，则可以知道与学校相关的学生、教室、老师、书桌、校长等等词汇，正如知道了书桌就会知道椅子一样。

像这样，知道了一个词，便可以将其扩充为庞大的知识群，进而形成坚实的背景知识基础。因此，知道一个词汇群的意义就远远超出了单纯的一个词汇。

在学习词汇的时候，如果没有任何脉络，只是无条件地死记硬背是没有任何效果的。只有通过上下文意思来理解和掌握词汇的含义才是最有效的。因此，在阅读中出现不知道的词汇时，不要急着跳过去不管，而是一定要查找到该词汇的具体含义，并牢牢掌握住。当然，如果每次遇到不认识的词汇都是先进行毫无意义的猜想，然后再查字典，可能会因为觉得很麻烦而失去了阅读的兴趣，倒不如先根据上下文的内容来猜测词汇的含义，然后做出标记，等阅读完以后，再从字典里查找这些词汇的准确含义并熟记下来。下面让我们一起来了解一下提高词汇能力的方法。

::阅读能力提高战略4

① 猜想词汇的含义。

a. 找出句子中说明词汇意思的句子。

如果我们仔细阅读句子的前后文，也许就可以发现直接说明词汇意思的句子。例如与"……就是指……"，"……叫作……"，"……是……"相类似的表达就是用来说明词汇含义的，在下面例文中被画线的部分正是解释"庶出"这一词汇的。

"庶出问题也是如此，虽然有能力，但是因为出身卑微这个原因，便无法展示自己的能力，从国家前途的层面上看，还有比这更严重的浪费吗？"
庶出指的是在封建宗法制度下，姬妾或者非正妻的嫔妃所生的孩子。

——引自《梦想着改革的科学家郑若龙》

下面的例子是间接暗示词汇的含义。

石头的父亲给金地主做了 30 年的<u>长工</u>，作为<u>酬劳</u>得到的却只是<u>一块寸草不生的荒地</u>。

——引自《粪霹雳》

从画线部分可以猜出"酬劳"这个词的意思是做长工所得到的。

b. 通过句子中与生词意思相似或相反的词来猜测词义。

好不容易<u>安静</u>下来的教室又开始人声<u>嘈杂</u>起来。

——引自《放屁万岁》

画线部分的"嘈杂"与"安静"是反义词，通过这种与词汇意思相似或相反的词也可以猜测出词义。

c. 找出可以替代生僻词汇的词。

古代国家如果要建造大的工程，百姓们就要放弃农事，参与到工程当中，当然是不能得到一分钱的。

....

"要给在工地上干活的百姓<u>工钱</u>，使他们的家人不至于饿死。"

——引自《梦想着改革的科学家郑若龙》

在正文中我们可以发现能够替代上面例句中"工钱"的词是钱，我们还可以继续在正文以外的其他地方找出一些能够替代"工钱"的词。

d. 猜测与上下文相匹配的含义。

江中部的瀑布是最<u>壮观</u>的，<u>江水撞到陡峭的绝壁上蜷曲作一团，继而直冲</u>

而下,直冲而下的江水好似在沸腾,不断地激起阵阵泡沫和水花,形成漩涡。其中最值得一看的景观是从高高的天穹某处掉落到江水中的玻璃管般的水柱。

——引自:《查理和巧克力工厂》

通过画线部分句子可以猜出"壮观"一词的含义。

e. 通过词汇的组合来猜测含义。

拇指与其他手指对贴在一起了。

——引自《巧手》

"对贴"中的"对"有"相对"的意思,那么例句中的"对贴"就是表示拇指能和其他手指相对并贴在一起的意思。与此类似,如果出现了其他的含有"对"的词汇,我们也能够很容易地猜测出含义。

② 将猜测的含义重新放到句中的位置,以确认句子是否通顺。

按照前面提到的做法,我们在猜测了词汇的含义之后,将其再放在原来句中的位置,再次阅读一下句子以确认是否通顺。

③ 在字典中查找生词的准确含义。

眼前突然浮现出父亲的脸庞,父亲紧闭着嘴唇,眯着眼,低头望着润水。

——引自《我就是我》

"眯":眼皮微微合拢;小睡;短暂地睡。

在字典里查找例句中的"眯"会出现几种解释,孩子们经常会不管上下文,而理所当然地认为字典中最先出现的词义就是句子中生词的含义。因此,当生词有几个含义的时候,需要将含义放回句子当中,以确认是否通顺,只有这样才能够准确地了解其真正的含义。

④ **活用词汇。**

所谓理解词汇的含义不应该只停留在单纯地知道生词在字典中的意思，还应该学会在对话或写作中将它灵活地应用。如果孩子已经知道了词汇的意思，就应该让孩子练习用这个词造句，使孩子完全理解和消化这个词。

为了提高词汇能力，必须经历上述的过程。同时为了熟悉新的词汇，还要经常进行实际应用，因为只有在头脑中积累起丰富的词汇库，阅读能力才有可能迅速提高。

出声思考

一边思考，一边阅读指的是在阅读的每时每刻都能够灵活地使用不同的阅读战略。但是孩子们往往很难做到这点，解决这个问题的最佳办法就是出声地思考和阅读。

我每次见到孩子或有机会对一些父母、老师进行教育的时候，都会强调"缺乏思考的阅读就不是阅读"，"要边思考边阅读"，但是真正能够做到边思考边阅读的孩子却只有极少数。

一边思考，一边阅读指的是在阅读的每时每刻都能够灵活地使用不同的阅读战略。 我原本以为教给孩子们正确的阅读方法后，孩子们自然会应用正确的方法进行阅读，但是事实却并非如此。因为多数的孩子都认为方法是方法，阅读是阅读，用一句话来说就是孩子们还不知道怎样灵活地运用方法。

其实，掌握正确的阅读方法跟持有独特的阅读战略是一样的。每次阅读的时候都运用阅读战略就可以自然而然地提高阅读能力。

为了解决上述遇到的问题，我选择了在读书的同时，大声讲出头脑中所进行的思考过程，这就是所谓的 mental modeling，也叫作"出声思考（Think Aloud）"[3]。

::阅读能力提高战略5

① **阅读时，如果想起类似的经历或想法，就把它说出来。**

在阅读时，如果忽然想起类似的经历或想法，就暂时停止阅读，将浮现在头脑中的想法大声说出来。因为孩子还不能够熟练掌握这种方法，所以需要父母或老师先进行示范。

如"从现在开始，妈妈会一边读书，一边把读书的时候产生的想法说出来，你可以仔细观察一下妈妈是在什么地方产生了什么想法，然后你也试一试啊。"

如果出现了与捉迷藏相关的内容，则可以将自己相关的经历说出来。例如，在出现关于捉迷藏的内容时，可以给孩子讲述一下自身的相关经历："妈妈小时候也玩捉迷藏游戏，有一次为了不被捉到，就藏到了阁楼里，后来捉人的小朋友没有来，我在阁楼里等着等着就睡着了，结果家人还以为我丢了，急得四处寻找呢。"

② **阅读时碰到生疏的词，出声地在书中查找。**

阅读时，如果碰到了生疏的词，例如"顾命大臣？什么是顾命大臣？再重新读一次吧。啊，原来是皇帝临终前委以治国重任的大臣，不知道正确与否，查查字典来确认一下吧！"像这样先为孩子示范怎样推测文章中某个生词的含义，然后再在字典中查找这个生词的准确含义。

---

[3] Silven 和 Vauras 的研究（1992 年）
  经过"出声思考"训练的孩子与未受过这种训练的孩子相比，有着更出色的信息处理能力。熟悉"出声思考"方法的孩子在得出结论时要比不熟悉"出声思考"的孩子更冷静，在阅读时也表现出更深的思考能力和战略性的思考姿态。

③ **阅读时如果出现好奇的部分也要出声地说出来。**

如果在阅读时出现了好奇的部分，如"啊，这是什么？前面出现过吗？不知道是什么，先记下来，以后好好查一查。"通过这样的方式向孩子展示想要解决好奇问题所做的努力，并向孩子示范为了记住重要的内容而反复阅读的过程。另外在伤心、快乐或感动的时候也要出声地说出来。像"啊！把乌龟吞掉了，那怎么能咽下去呢？会不会在肚子中活着，还在蠕动啊？""结果还是没有见到妈妈就死掉了。"这样就能一边读书，一边将自身的感受用语言鲜活地表达出来了。

④ **不断地反复练习直到熟悉出声思考为止。**

跟用语言教育孩子怎样出声思考相比，像上面这样通过亲身示范来告诉孩子，会让孩子更真切地感受到"一边思考，一边阅读原来是这样子的啊"。

但是，因为孩子们对这种表达方式很生疏，一定会感觉很不好意思。如果能够坚持引导孩子进行练习的话，我相信某一天，孩子一定能够成为积极举手将自己的想法完整地表达出来的好学生。

●出声思考的效果

- 可以确认孩子是否在正确地阅读文章。
- 因为要把想法用语言表达出来，所以能够提高注意力和表达力。
- 帮助孩子以更加积极的态度进行阅读。
- 帮助孩子迅速理解文章，并迅速记忆新的知识。

一边提问，一边阅读

一边提问，一边阅读是培养综合思考能力的好方法。

一边提问，一边阅读其实是带着好奇心在阅读。阅读能力强的人为了理解文章的内容，经常会在阅读的同时向自己提问。但是阅读能力差的人即使阅读了文章也没有什么好奇和想要知道的，这并不是因为他们不好奇，而是他们不知道应该对什么好奇。

我曾经给孩子们朗读过《兴夫传》，然后问他们："诺夫把兴夫家里的财产都抢走后，又把兴夫赶出了家门，可是为什么兴夫什么话都没有说呢？这不是很奇怪吗？"孩子们带着很不理解的表情回答道："因为兴夫是傻瓜。"我之所以会问这样的问题，是希望孩子们能够对原本以为是理所当然的事情再进行一次思考，以批判性的视角阅读本篇文章。但是，与我的意图相反，孩子们的表情却是"为什么问这样的问题？"

我们在阅读的同时，也会产生许多好奇心理，如果全盘接受了书中的内容就是最初级的读者，问题越多，意味着想法越多，想法越多，说明学到的东西越多。

一边提问，一边阅读的方法能够提高阅读能力已是不争的事实，但是却并不容易立即熟练地掌握。如果让孩子们提问题，孩子们往往会提出非常简单的问题，所以父母或老师需要先进行示范，然后再逐渐引导孩子进行提问。

同时，孩子提出问题以后，父母和老师应该对孩子提出的问题进行检查，帮助孩子一点点地提出更多有深度的问题。例如问题可以分为："与段落中心内容相关的问题"，"询问核心主题的问题"，"关于文章内容所暗示的问题"，"通过推理（想象）才能知道的问题"等。下面我们来了解一下在阅读的同时可以提出什么样的问题。

::阅读能力提高战略6

① 登场的人物为什么会说那样的话或为什么会有那样的行动？
② 如果是我，我会怎样做？
③ 接下来会发生什么事情呢？
④ 如果主人公采取不同的行动，结果会怎么样呢？
⑤ 事情变成这样的原因是什么呢？
⑥ 是否可以改变一下故事的结局？
⑦ 作者想告诉读者什么呢？
⑧ 我是否已经正确地理解了文章的内容呢？

除上述问题之外，还可以有很多种问题，经常试着回答自己所提出的问题，就能够提高思考能力，并加深对文章的理解。特别是第⑧个"我是否已经正确地理解了文章的内容呢？"通过这样的问题就能够检测出自己知道什么，不知道什么，同时对自身的阅读过程进行修正，避免错误地理解文章内容。

● 一边提问，一边阅读的效果

- 能够更好地理解文章内容。
- 能够长时间地记忆文章内容。
- 能够发现独立存在的事实之间的联系。
- 能够激发好奇心。
- 随着提问水平的逐渐提高，思考能力和推理能力也会增强。

阅读时先判断什么内容比较重要

因为文章的作者对自己认为的重要内容,会有意识或无意识地进行反复强调,这些重要内容是读者需要反复阅读的部分。

孩子们来到研究所以后,为了判断他们的阅读能力处于什么水平,我们要进行几种诊断。如果是小学五年级以上的孩子,一定会要求他们阅读教科书中的一部分,然后再要求他们将重要的部分标示出来,并按照自己的方式进行概括。

多数的孩子只会在书的大部分内容下面画线,而且不会给自己概括的内容添加题目。他们概括出来的内容与原文顺序完全一致,只是将原文上画线的部分一字不差地抄写下来。如果要求他们将自己概括的内容重新阅读后,再画出重要的部分,他们就会显得非常为难,因为他们认为书中所有的内容都很重要。

当然,我小的时候也曾经这样。某个老师让我们把教科书读10遍,甚至20遍,他说如果把教科书读了10遍以后,眯上眼睛,重要的文字就会变成粗体字,甚至会跳出来。听到老师说这些话的时候,我茫无头绪,无论我怎么读也看不出什么是比较重要的内容,可是老师却说能够看到,我简直快发疯了。但是,现在想来老师的话真的是正确的。

::阅读能力提高战略7

①**重要的内容会反复出现。**

因为文章的作者想强调自己认为重要的内容,所以会有意识或无意识地对这些内容进行反复强调。为了找出重要的内容,只需要留心观察是否有含义相似或反复重复的话,如果有这样的词出现,则这个词很有可能就是此段落的中心词,而包含这个中心词的句子就是此段落的中心句。

歌剧的制作人大部分都是<u>歌剧的导演</u>,决定让哪个歌手出演,谁来担任指挥,让哪些团员参与的正是这个人。有时候，歌剧的导演会直接担任指挥，他一定会经过充分的练习后才登台。

上面这个段落中"歌剧的导演"一共出现了4次，"这个人"指的也是歌剧的导演，"他"指的也是歌剧的导演，因此，这个段落中最重要的词便是歌剧的导演，包含这个词的句子能够概括其他的内容，其中"歌剧的制作人大部分都是歌剧的导演"即为中心句。

② **用黑体字或其他字体表示出来，显而易见。**

右面的图片是初中社会学教科书的一部分内容，为了方便读者，编者将防波堤、耕地、工业用地、住宅用地全部使用了黑体字。通过这种形式，编者将这一部分的重要内容与其他内容区分开，同时指导读者需要将精力集中在哪一部分，这些用不同字体表示出来的词就是文章的核心词汇。

③ **同样的内容，以不同的方式反复指出。**

从右边的图片可以看出，以黑体字表示出来的"防波堤"下面配有防波堤的照片。为了更详细地告诉读者相关的内容，这里运用了图片补充的方式，同样，"耕地"和"工业用地"下方也有照片展示。为了表示内容重要，需要引起读者的充分注意，书中会继续采用不同的方法进行提示。所以，要重视书中的图片、图表、照片等提示的内容，才不至于忽视了与正文相关的重要信息。

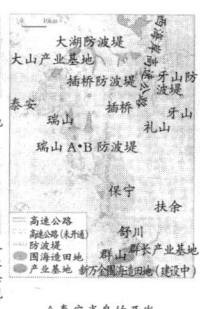

初中一年级社会学教科书第67页
（中央教育振兴研究所）

④ 利用正文旁边的部分来暗示重要内容。

> 但网络的发达不是只给我们的生活带来正面的影响。也出现了有害网站增加、个人信息泄露、标准语被破坏等新问题。最严重的问题是辱骂或诽谤等在网络上泛滥。
> 以人气明星开设的主页为例，支持这位明星的影迷会与支持其他明星的影迷会之间谩骂泛滥。学生们开设的聊天室里充满了中伤同班同学的文字。网上聊天中使用辱骂词汇的情况也很多，还有匿名通过电子邮件传送辱骂和诽谤文字的情况。尤其是盛极一时的网络游戏，玩家被赶得来回跑，有些与其他玩家恶语相向。

使用网络时，你感受到了什么问题？

语文6-2 161页

左边的图片是小学六年级第二学期语文课本中的一部分内容。为了使读者能够在重要的内容上集中精力，编者在正文旁边提出了与之相关的问题。如果学生们在阅读之前就能够事先阅读问题，然后边阅读，边在文章中寻找答案，就不会错过编者认为重要的部分。

不仅是在课本这种以信息为主的文章中如此，即便对于讲述故事的文章，找出文中的重要内容也是十分重要的。

在阅读文章的时候，读者需要养成留心观察的阅读习惯，才能发现作者是用何种方式将自己的意图在文章中表示出来的。

阅读能力

阅读的同时做好笔记

如果能在阅读时将自身的想法进行及时的归纳，就能够很容易地理解并记忆文章中的内容。

"出声思考"是将想法用语言表达出来，而边记录边阅读则是将阅读时产生的想法用文字表示出来。其实将文章的内容或自身的感受归纳出来很容易，而且，它与前面介绍的阅读方法所产生的效果一样，都有助于读者集中精力阅读，并对文章中的内容进行深入思考，同时，还能够方便记忆，这些都是提高阅读随着用几何学纹理装饰的玻璃墙逐步走上台阶，我的心也在向着未来前进。

第一个参观的地方是生命科学厅。生命科学厅分为遗传工学厅和人体工学厅。所谓遗传工学，就是完成人为操纵遗传因子创造出有用的物质或生命体的技术的学问。利用遗传工学创造出的新植物在花盆里生长。我看到了叶子像白菜，根像萝卜的萝卜白菜；果实像西红柿，根像土豆的柿土豆；还有茄子和土豆的结合体茄土豆。在同一株植物上能得到两种果实可以说是一举两得。动物也能这样，用同样的原理能创造出像牛一样大的猪或是像大象一样大的牛。我一边思考着未来不用再担心粮食问题了，一边走向了人体工学厅。

几何学的

语文阅读6-1 69页

能力的好方法。

左边的图片是我教孩子们怎样边记录边阅读的示范资料。首先一边阅读，一边将产生的想法记录下来，然后在认为重要的部分下面画上线，利用旁边的空白处将内容进行归纳。如果以这样的方式边记录边阅读，孩子们在考试复习的时候便能够迅速地找出文章的核心内容，并且很容易就记住了。

如前所述，能够提高阅读能力的方法有很多，但是本章节中所介绍的"有目的的阅读"、"调动背景知识"、"活用背景知识"、"提高词汇能力"、"出声思考"、"边提问边阅读"、"阅读的同时判断哪一部分重要"、"阅读的同时做好笔记"都是可以运用到阅读全过程当中的有效方法。

起初是有意识地使用阅读战略进行阅读，在熟练之后，你便可以灵活运用阅读战略，成为阅读能力出色的学生。为了达到这个目的，从现在开始就有意识地应用阅读战略吧。

第3章
阅读能力决定所有科目的成绩
——培养不同科目所需的阅读能力

1. 培养阅读能力可以提高各科成绩

成绩名列前5%，只要正确地阅读教科书就可以做到

阅读教科书也有顺序

2. 不同科目的教科书有不同的阅读方法

语文课本，这样阅读

社会学课本，这样阅读

科学课本，这样阅读

将各科目的知识综合起来阅读课本

1. 培养阅读能力可以提高各科成绩

阅读能力即学习能力，提高学习能力的最基本教材就是教科书，如果想正确地阅读教科书，则需要注意教科书的编辑体系。因为编写教科书的明确目的是向学生们传达某些知识，所以与其他的书籍不同，教科书是采取了最有效的方式编辑而成。如果理解了教科书的编辑体系，并按照编者的意图进行阅读，就可以十分有效地学好教科书中的内容。

成绩名列前5%，只要正确地阅读教科书就可以做到

很多学生逃避教科书的理由是因为他们不知道阅读教科书的方法。其实教科书涵盖了本年级本科目必须要学习的内容，组织性强、内容难易适度，因此也是最适合学习的指导书。

提高学习能力的最好的指导书就是教科书。因为教科书中涵盖了本年级本科目必须要学习的内容，组织性强、内容难易适度，所以以教科书为基准，可以判断出什么知识是必须具备的，哪一部分需要进行更深入的学习。

每年高考后，媒体都会对高考状元或某科目满分的学生进行采访，采访中他们都会异口同声地说："以学习教材为主。"可是看到这些新闻的人们经常会以为他们只是说了一些形式上的话而已，不以为然，但是我却从来没有忽视过他们所说的这些经验之谈，因为他们说的的确是事实。

我们都知道，只有地基结实，建筑物才能坚固。这些优秀的学生正是将教科书作为坚实的地基，在此基础上再阅读其他的书籍，并积累经验，从而取得了优秀的成绩。尽管教科书如此重要，但是学生们却更喜欢按照流行的辅导用书、老师发放的印刷资料或者补习班的教材来学习。因为这些资料已经将核心内容全部整理出来了，使得孩子们能够非常轻松地学习。其实只有通过辛勤地耕耘才能换来累累硕果，虽然整理教科书的内容会辛苦一些，但是只要能够掌握正确的阅读方法，并将其运用到学习中，就一定可以取得属于自己的优异成绩。

如果想找到正确的阅读教科书的方法，就一定要注意教科书的编辑体系。编辑体系是为了让读者能够更容易理解书中内容而反复使用的编辑方式。因为教科书明确的编写目的是向学生们传达知识，所以与其他书籍不同，教科书为了达到传播知识这一目的，采用了最有效的编辑方式。**如果理解了教科书的编辑体系，并按照编者的意图进行阅读，就可以十分有效地学习教科书中的内容。**不同科目的教科书虽然存在着细微差异，但是教科书都具有下列共同的编辑体系。

::教科书的编辑体系

① 文章的内容分为大单元和小单元。
② 每个单元都会有代表本单元内容的题目。
③ 单元的导入部分有对正文的概述。
④ 核心内容采用不同的字体,以引起读者注意。
⑤ 通过与正文相关的图画、照片、地图、图表等内容对正文进行补充或归纳。
⑥ 书中的空白部分标有与正文相关的参考资料或提示语等。
⑦ 根据科目类别的不同,在段落间穿插多种多样的要求探索、操作的作业,以及对学习过的内容进行检查或评价的问题。

根据不同的说明内容,教科书的展开方式也不尽相同,因此,**在阅读时最好能够事先把握教科书对内容进行展开说明的结构**。例如在社会学教科书中,讲解"壬辰倭乱"时是根据时间顺序进行说明的;科学教科书中,讲解"光对生物的作用"时采取的是因果关系的方法;而讲解"泡菜的效用"则是按照分类和分析的方法展开说明的。

另外,**在阅读教科书时,我们需要特别注意那些为了方便读者了解内容而使用的指导性用语**,如"……如下:"后面出现的内容即是对前面的某一对象进行说明的内容,"综上所述……"起到的则是对前面的内容进行归纳整理的作用。如果能够重视上述的这些指导性用语,就会很容易理解教科书的内容了。

阅读教科书也有顺序

所有的事情都有顺序,只有按照其顺序依次进行才能够提高效率。

阅读教科书也有顺序?大家可能是第一次听说吧。一般的学生都是按照学校里老师上课时指示的顺序"下面要讲……内容,请把书翻到第……页"来阅读教科书。遗憾的是,并没有人能够在学习教科书之前向学生正式地讲解应该怎样阅读,因此学生们只是阅读老师要求阅读的部分,从来没有考虑过阅读顺序之类的问题。

但是,所有的事情都有一定的顺序,只有按照其顺序进行,才能够更快更好地完成,比如用电饭锅煮饭的例子来说,煮饭的顺序应该是这样的:

淘米→打开锅盖儿→把米倒入锅中,加入适量的水→盖上锅盖→按下煮饭的按钮。

只有按照上述顺序煮饭,才能够做出香喷喷的米饭。阅读教科书也是同样的道理。**如果想正确地阅读教科书,通过阅读提高学习成绩,就需要先了解阅读教科书的顺序,然后再进行阅读。**

:: 阅读教科书的正确方法

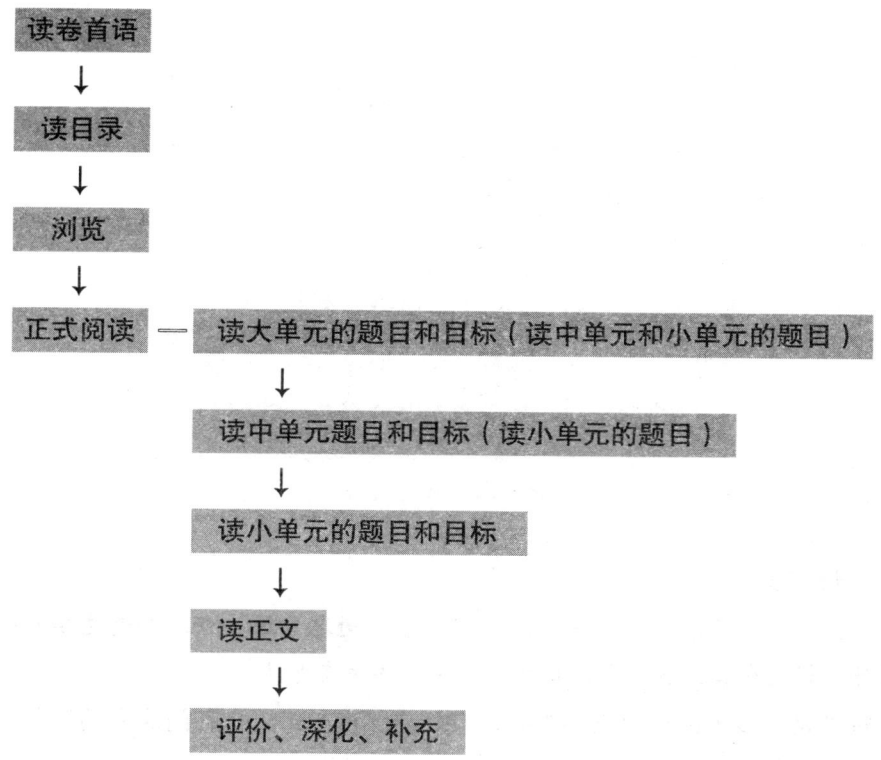

① 读卷首语

虽然阅读其他书籍时也是同样先阅读卷首语，但是在阅读教科书时应该尤其重视这一点。**卷首语中明确地指出了通过此教科书要教授何种内容，又以怎样的方式传达。**孩子通过读卷首语不仅可以树立一个长期目标"啊，这一个学期或者这一年我可以学到这样的知识啊"，而且还可以事先对学习的方法进行预想。

语文、社会学、科学教材的卷首语

② 读目录

阅读了卷首语后，接下来应该读目录了。**通过目录，可以知道这学期将要学习什么样的内容，各部分内容之间又有怎样的连贯性。**

特别是在孩子读小学六年级时，最好能够将六年以来各门课程的教科书目录统一浏览一遍，以达到复习的目的，这样就可以发现各年级所学的内容其实是相互联系的。

然后再浏览一遍初中一年级各门学科的教科书目录，就可以知道初中教科书与小学教科书的内容又是怎样连贯起来的，同时还可以了解将要学习到的内容。

通过这种方法，可以帮孩子找出以前学习中掌握得不够充分的部分，并促使他考虑应该怎样弥补自己的不足，并为即将学习的知识做怎样的准备。每次要升入更高年级的时候，都可以使用这个方法。

③浏览

阅读完卷首语和目录，接下来应该把书从头到尾大体翻一遍，看看这本书里包含了什么内容，在翻阅的时候，如果有感兴趣的部分，可以随时停下来，仔细阅读一下。这样既可以满足阅读目录时产生的好奇心，也能够对将来要学习的内容产生期待，同时，还能够产生迫切想要学习此课程的动力。你会发现浏览正文内容如同看电影的预告片一样有趣。

④正式阅读

现在到了正式阅读各个单元内容的时候了，教科书一般按照大单元、中单元、小单元进行划分，在阅读各单元的正文之前，一定要确认单元类别的学习目标，通过学习目标我们可以知道在这一单元里什么内容重要。因此能够更加有效地学习。

2. 不同科目的教科书有不同的阅读方法

　　语文与社会学、科学的课程内容不同，因此教科书的阅读方法也不尽相同。但是，所有科目的教科书都有着一定的联系，所以需要将各门课程所学的知识综合起来进行阅读。

语文课本，这样阅读

小学的语文课本要在六年时间里教会学生们阅读各种不同类型文章的方法，以此为基础再进行其他教科书的阅读。

学校的教育基本上是通过阅读进行的，社会学、科学、道德、美术等所有科目都只有通过阅读并理解了教科书，才能达到教育的目的。也就是说，**为了学习，需要具备阅读教科书内容的能力**。小学的语文教科书从一年级到六年级的时间里，教授学生应该怎样阅读不同类型的文章。因此，我们应该把从语文课本中学习到的阅读方法作为工具来阅读其他科目的教科书。

::语文教科书的构成及编辑体系

语文教科书分为五章，2～3个小单元，包括回顾、深化和趣味阅读等几个部分。下面我们就以小学六年级的语文教科书为例，让孩子们先来熟悉一下教科书的构成和编辑体系，再学习应该怎样进行阅读。

语文阅读6-1 62～63页

上页的图片是小学六年级第一学期语文课本第二章的内容,章题目就是本单元的题目,下面"读过文章后需要总结全文的内容,要怎么做呢?"这样的问题就是章的导入部分,章的导入部分是为了在学生阅读正文之前,让学生们对将要学习的内容产生兴趣。再看一下本章的学习目标,本章的学习目标是"读文章总结全文内容。"通过此学习目标我们可以明确地知道接下来要学习的内容。

最下方写有"概括段意"和"总结全文大意"的字样。这是将学习目标进行细分,告诉学生应该怎样进行学习。在进入小单元之前,如果能够认真地阅读章的导入部分,就可以很容易地知道在本章里要学习的内容。

小单元:学习并应用学习目标中提出的阅读战略。

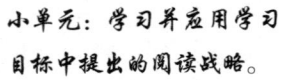 信息的海洋

了解概括段意的方法。

小单元学习课题:将学习目标进行了解、细分。

段落是几个句子组成的、表现一个中心意思的文字单位。为了概括段意,要在段落中仔细找出"怎么样"、做了"什么"。

例如描写某场所的段落内容可以概括为"那个地方是个什么样的地方"或"那个地方怎么样"。描述某事件的段落内容可以概括为"什么时候发生了什么事"或"谁在什么时候做了什么事"。

揭示学习小单元课题的具体方法。

1.边读边思考段落的中心内容。

寻找海美邑城

上周我们一家人去了海美邑城。在去的路上,车窗外到处都是宽广的平原。我真想快点看到海美邑城。因为我很好奇平原上的小小邑城是什么样子的。

海美是忠清南道瑞山市的一个小乡村。却是朝鲜

指出应该怎样阅读正文。

64

语文阅读6-1 64页

像上文图片中展示的这样，章后面出现的便是小单元，最上方是小单元的题目，下面是小单元的学习课题，通过题目和学习课题可以猜想正文的内容。

接下来出现的文字栏里说明的是学习小单元课题的具体方法，小学六年级的学生可以根据文字栏里提示的"什么"、"如何"来阅读正文。

文字栏下面写有问题，这些问题是为了提醒学生在阅读每个段落的时候要注意思考核心内容而设置的。像这样在阅读正文段落之前，明确学习目标和课题，可以使学生们更容易将精力集中在学习目标上。

语文阅读6-1 65页

右边的资料是前面所说的小单元的内容，为了帮助学生理解正文的内容，在附加图片的同时还进行了文字说明，并在较难的词旁边加了星号，在正文下方准确地说明了其表示的含义。从小学四年级开始，教科书更加强调词汇的重要性，专门将较难的词汇罗列出来，附上词义解释。

另外，资料下面画线的"是……"、"其中……"等是帮助学生理解内容的**"指导性词汇"**，而"……的理由是"、"如果……"也是一种指导性词汇。因为前后文是因果关系，所以在出现这类指导性词汇的时候，需要仔细阅读前后文。如果能够像这样仔细阅读那些引导读者理解上下文的"指导性词汇"，就可以更好地掌握文章的内容。

小单元学习结束后，会出现像左边图片中的内容来检查学生是否已正确理解了文章，如果在阅读正文时对重要的部分给予了特别的注意，那么在回答这部分的问题时应该没有任何困难。同时，通过这个部分也可以检查学生对小单元学习课题掌握的熟练程度，因此一定不要忽略这个部分的练习。

语文阅读6-1 75页

:: 通过语文教科书提高成绩的阅读战略

① 确认学习目标。

学习目标是小单元学习内容的引导性文字,如果仔细阅读了学习目标,就可以很好地理解本单元的内容,并能够很容易地对学习内容进行概括。

② 阅读的同时找出难以理解的词。

在阅读正文的时候,如果遇到不能理解的词,千万不要置之不理,而是要结合上下文对词汇的含义进行推测。现行的教科书是将学生难以理解的词用星号做出了标记,并在段落的最后对其词义进行解释。

③ 阅读的同时,回答书中提出的问题。

如果正文是说明性文字,那么为了帮助学生更好地理解学习内容,编者往往会在书的侧面空白处针对内容进行提问,当教科书中出现这样的问题时,一定要边阅读,边寻找问题的答案。

④ 归纳文章的内容。

读完文章后,为了确认对文章内容的记忆程度,需要对重要内容进行归纳总结。如果一次性归纳全部内容有困难,也可以将正文分为几个部分进行归纳。通过这个过程,可以知道自己记住了哪些内容,遗漏掉了哪些内容,同时,还能够提高归纳概括的能力。

⑤ 检查对内容的理解程度。

小单元阅读结束后,会有检验是否达成学习目标的问题,对这些问题要仔仔细细地进行回答,因为这是检查学习内容是否正确的好机会,如果有不是很清楚的部分,则要回到前面重新学习。

社会学课本，这样阅读

与其他科目相比，为了便于学生理解，社会学教科书中加入了更多的图片、照片、图表和地图等内容，只有具备了阅读这些非文字性内容的能力，才能够提高社会学的成绩。

小学的社会学教科书是通过孩子们直接参与活动和积极探究知识内容的形式所共同构成的。小学三年级时，学生们从自己生活的区域出发进行学习；到了四年级，视野扩展到"市和省"；五年级的学习则使学生能够思考自身生活区域的环境等问题；到了小学的最后一年——六年级，则将重心从我转移到世界，教育学生如何看待世界中的我们。

另外，从小学四年级起，我们就开始学习社会学中的国家历史部分。四年级分主题讲授本国历史，六年级时则按照年代，教授从最初建立国家到当今社会为止的历史。

因此与其他课程相比，社会学需要更多的经验和背景知识。 社会学教科书并非是单纯地传达给学生许多知识，而是充满了"了解一下……""调查一下……"等字句，即要通过学生自身的研究和调查活动来掌握知识。

所以，父母需要事先了解社会学是以怎样的脉络讲授什么知识，然后让孩子阅读相关的书籍，或带孩子参观博物馆、历史古迹等场所，以帮助孩子积累丰富的经验。

∷ 社会学教科书的编辑体系

社会学教科书分为大单元、中单元和小单元，通过选学的内容和单元总结部分来对学过的内容进行评价。

正如上文所反复强调的那样，社会学与其他科目有所不同。这是因为社会学教科书为了帮助学生更好地理解正文内容，需要插入更多的照片、图片、图表或地图等资料，这些资料对正文内容起着辅助性说明的作用，有些时候甚至能够独立地说明核心内容。因此社会学的学习需要具备阅读图片、地图、图表和曲线图等资料的能力，这种能力是提高社会学成绩的核心。

社会学4-2 94~95页

　　上面的资料是小学四年级第二学期社会学教科书中"家庭与经济生活"的第三单元，它包含大单元的题目，大单元的学习主题，大单元学习内容的导入部分。通过这几部分，我们可以对本单元的主题和核心内容有大概的了解。

中单元学习主题：指出中单元中将要学习的内容。

- 想要的东西很多但是不能全部拥有时，需要作出明智的选择。自己去了解一下作出明智选择的方法、各种生产活动以及获得收入的方法。

① 各种生产活动和家庭的收入

1 虽然想拥有的东西很多

- 不能拥有所有想要的东西，了解一下这是为什么。

贤洙的班里要选出同学们小单元学习主题：指出了小单想要的5件物品。元中将要学习的内容。

贤洙所在的小组负责调查，他们做好问卷发给同学们。请同学们写出平时想要的5种东西和想要的原因，以及目前还没有拥有的原因。

整理问卷后得到结果，同学们最想要的5种东西如下：

正文：指出为了解决书中提出的问题所需要进行的探索和调查活动的内容，如果仔细阅读照片、图片、地图、图表及人物的对话，可以对理解正文内容产生很大帮助。

想拥有的东西

电脑　　衣服

溜冰鞋　足球鞋和运动鞋　自行车

社会学4-2 96页

上面的资料是社会学教科书的中单元，最上方有中单元的题目，中单元题目下方是小单元题目，侧面及下面是学习主题，最下面部分是正文。

进入单元学习前，首先阅读中单元及小单元的题目，通过题目猜测出本单元的重要内容，然后阅读中单元的学习主题，从而确认中心内容。

小单元也一样，通过阅读小单元的学习主题来推测正文将要说明的内容，并揣摩编者会通过何种方式来说明。其实，这些题目和学习主题正是为此目的而设计的。

第3章　阅读能力决定所有科目的成绩　　69

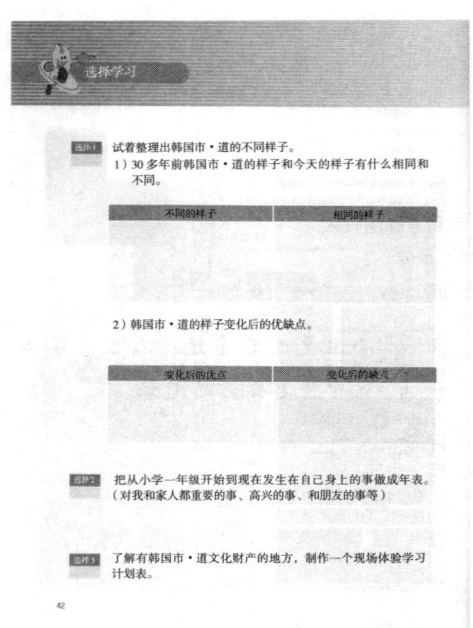

社会学4-1 42页

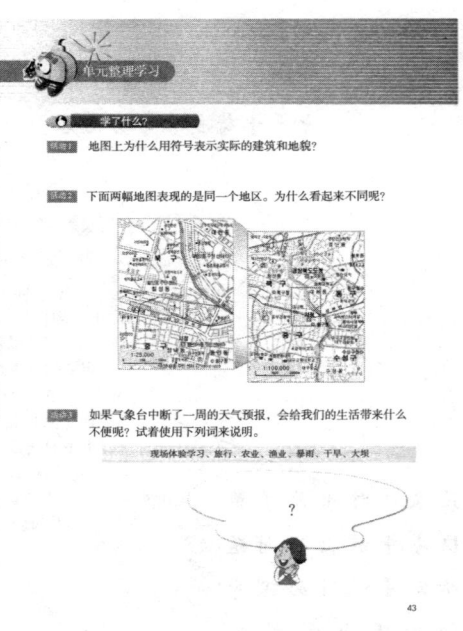

社会学4-1 43页

一般来说，学生们是不会认真阅读单元题目或学习主题的，而是习惯直接阅读正文，这是倒着阅读教科书的方法，也正是因为他们采取了这种阅读方法，所以学习成绩才不可能提高。

单元的学习内容结束后，会出现选学内容，通过选学内容，可以更清晰地理解正文中学习过的知识。大单元的内容结束后，会有单元总结，这是将学习内容进行综合整理并讨论的部分。

学习完一个单元后，对单元内容按自己的方式进行归纳整理是非常有必要的，下面是将四年级第二学期第三单元"家庭与经济生活"中学习的内容进行整理的实例，通过这种方式进行整理，便可以清晰地记住单元的核心内容。

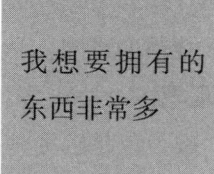

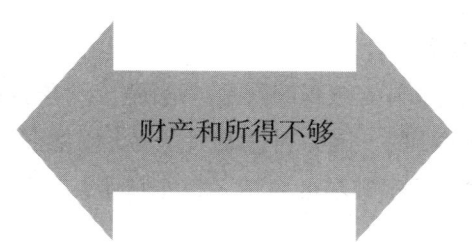

∷通过社会学教科书提高成绩的阅读战略

① 将正文的内容与图表联系起来进行思考。

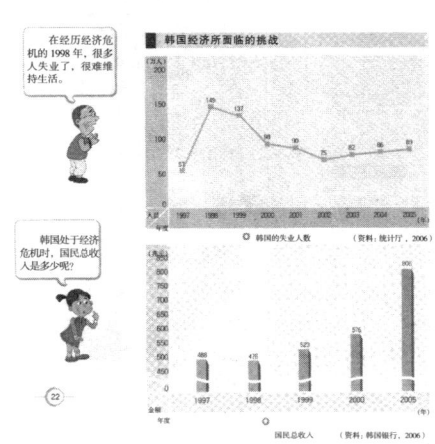

社会学5-2 22页

左面的图表说明了"韩国经济所面临的挑战",通过这个图表也反映了韩国的经济状况。例如在图表中记载着韩国失业者的人数,如果仔细阅读便可以发现,1997年韩国的失业者人数为57万,是历年中失业率最低的,而1998年和1999年两年间,失业者人数激增,此后则逐渐减少,到2002年又呈现出增加的趋势。

孩子们通过图表应该能够了解1998年韩国遭受了经济危机,此后逐渐恢复,最近又重新陷入经济困境这一事实。下面的图表展示的是国民总收入,将这两个图表进行综合研究,可以发现在失业者人数增加的1998年,韩国的国民总收入减少了,从而对1998年韩国遭遇了经济危机这一正文的核心内容有更加准确的把握。

这里还需要引起注意的是,在阅读图表前需要将数学课上学过的阅读图表的相关知识调动出来,为了理解某一科目教科书的内容,可以将许多科目综合应用起来。

② **阅读时思考地图的含义。**

一提到社会学，大家首先想到的就是"地图"。为了提高社会学的成绩，学习看地图的方法是很重要的，因为通过地图，就可以把握一个段落的核心内容。但是想看懂地图也并不是很容易的事情，很多孩子认为社会学难，正是因为他们不会看、不能理解地图的缘故。

因此，如果想要拉近与社会学的关系，就需要与"社会学的地图"走得近些，与地图拉近关系是提高社会学成绩的有效途径，这一说法并不夸张。

下面举例说明，右边的地图是小学五年级第一学期社会学教科书中的内容，其中展示了韩国中部地区和扩大后的江原道平昌郡的地图，地图上面写有"实践活动4"的字样。

社会学5-1 51页

"江原道平昌郡的海拔高于其他地区，可以在夏天栽培秋天的蔬菜，请大家思考一下为什么这里能够在夏天栽培秋天的蔬菜呢？"

如果想知道理由，可以通过截面图和地图上的颜色判断出平昌郡的海拔高于其他地方，并且会产生这样的想法："啊，因为那里会比其他地方的温度低，即使是夏天也应该跟其他地方秋天的温度差不多,所以才能够种植秋天的蔬菜。"

只要像这样正确地理解了社会学教科书中的地图，就可以不必费劲地去记忆，从而能够自然而然地理解知识。所以社会学其实也并不是需要死记硬背的科目。

社会学6-2 84页

左边地图所描述的是"东南亚地区",如上文所述,仅仅通过这一张地图,就应该能够知道东南亚地区的生活环境和物产了。为了知道这些内容,首先需要了解这一地区的纬度、环绕四周的海域和地图上标志的颜色所代表的含义。同时,还要打开世界地图确认一下东南亚的具体位置。如果看地图的能力达到了这个水平,就能够正确阅读社会学教科书一半以上的内容了。

③ **灵活运用各种资料。**

教科书旁边的资料是与正文相关的图片及与之相关的网络主页的图片。学习社会学不能只局限于阅读社会学教科书中出现的图片和文章,而应该学会查找并活用各种资料,以此来扩大知识面。

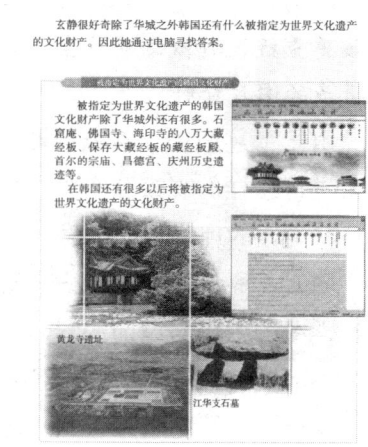

社会学4-2 43页

第3章 阅读能力决定所有科目的成绩

科学课本，这样阅读

　　科学课程是通过能够引发学生好奇心的问题和实验来说明科学的概念和中心内容的，所以需要在实验后将过程和结果记录下来，并通过此方式学习科学知识。

　　小学的科学教科书是让学生通过亲身实验或观察的方法来学习周边的科学现象和科学知识。

　　小学的科学教科书几乎没有什么文字，主要是通过图片、漫画、照片、实验等内容来说明科学概念和核心内容的，所以在实验后，需要将过程和结果记录下来，以此学习和掌握科学知识。

　　因为小学的科学课程是初中科学课程的基础，所以与学习科学概念相比，应该更重视这种概念的产生过程，教科书也是基于这个目的编写的，因此会出现很多的图片资料。

　　由于上述原因，在阅读小学科学教科书的时候，本单元要学习什么内容，需要进行怎样的观察和实验，从观察和实验中得出的结果如何形成知识，学生对这些内容的理解十分重要。

　　同时，科学和数学一样，概念的连贯性非常明显，因此需要学生仔细观察现在学习的内容与以前的学习内容有什么联系，它与将要学习的内容又有何种联系。下面的表格就是一个例子，三年级第一学期学习的"在水中生活的生物"与一年级第二学期学习的"秋天的庭院"，以及五年级第二学期"观察小生物"、"环境与生物"等几个单元都是相关联的。

已经学习过的内容	现在学习的内容	将要学习的内容
秋天的庭院（1-2）	在水中生活的生物（3-1）	观察小生物（5-2）
●秋天时动物和植物的模样 ●了解养动物和植物时需要注意的事项	●水中生活的生物和环境 ●管理鱼缸 ●观察生物 ●生物链 ●生物和环境间的关系	●采集并观察水中生活的小生物 ●环境与生物 ●环境污染对生物的危害

::科学教科书的编辑体系

科学教科书的编辑方式能够使学生们通过实验或观察将科学现象和科学知识系统化地整理出来。

科学6-13页

单元的导入:将本单元要学习的内容用图片或照片的形式表示出来,并在开始进行单元内容的学习之前提出类似"气体有什么特性?"的问题,引导学生对核心内容进行思考。

科学6-14页

核心问题:"现在来了解一下空气是否也有重量呢?"通过这样的问题提示将要进行的活动。

单元的导入部分是在正式地学习之前通过提问的形式来诱发学生们的好奇心。看着教科书上的图片,学生们可能会模拟图片上的活动,也可能会对为什么出现这种现象产生好奇的心理,甚至还会在进行单元的学习之前,对学习内容进行推测,这些都对引导学生积极学习有很好的效果。

从科学6-14页的资料中可以看到漫画上面写有提问的问题,这叫作"课程问题"。通过课程问题可以预想到将来会进行怎样的活动，也可以预想到课程问题的答案，然后一边做实验，一边确认答案是否正确。为了帮助学生理解，这里采用了漫画的形式。

为了学好科学课，阅读正文的内容固然重要，但是因为科学重视客观结果以及与它接近的方法，因此，科学课基本上都是在实验室里进行的，做实验显得更为重要。

同时，学习科学课程的核心是要学会在阅读教科书的同时提出问题，"为什么会产生这样的现象？""为什么只出现了这样的结果？"带着这样的问题做实验，才能够积累到足够的科学知识。

再进一步针对活动细节进行的提问，"如果给气体施加压力，体积会发生什么样的变化？""了解气体是否能溶于水"这样的问题为学生们指出了在学习中应该集中思考的方向。

下页给出的科学6-18页的图片资料中"还有这样的实验"部分，是

科学6-15页
科学教科书中有很多问题，"大家来说一说应该怎么做？"通过这样的问题诱导学生对如何解决问题（好奇心）进行多种多样的思考。

科学6-16页

科学6-19页

对实验或实践的步骤进行了详细地讲解说明。通过让学生在家里进行学校里无法完成的实验或实践活动，思考并整理实验中出现的结果，最后得出结论，从而达到对所学知识进行复习的目的。

科学6-1 12页的图片资料中"深化"部分是为了进入更深层次的学习而将学过的内容进行整理的部分。从"深化"这个词也可以看出这一部分是为了增加知识深度而设置的。

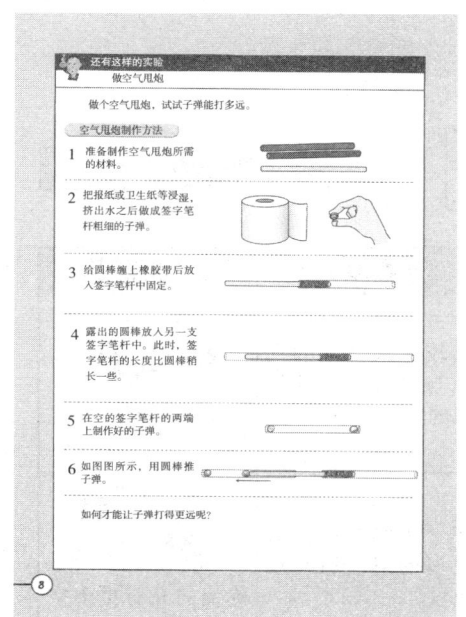

科学6-18页

在"还有这样的实验"这一部分详细地讲述了如何在家里进行学校里无法完成的实验或实践活动。

科学6-1 12页

深化：为了让学生更好地记忆单元中的学习内容而进行的趣味活动。

通过这种"深化"的活动，可以将新获得的知识与已经掌握的知识结合起来，系统地贮存在头脑中。同时，还能够使学生更容易记忆所学内容，提高学习兴趣。

∷通过科学教科书提高成绩的阅读战略

① 整理实验结果。

科学实验是在好奇心的驱使下，将问题一点点解开的过程。但是如果只停留在科学实验上，认为做完了科学实验学习就结束了，这样就是大错特错了。

在做实验的过程中，一定要养成随时做记录的好习惯，这样才能够将科学概念和实验结果转化为自身的知识。

第3章 阅读能力决定所有科目的成绩　77

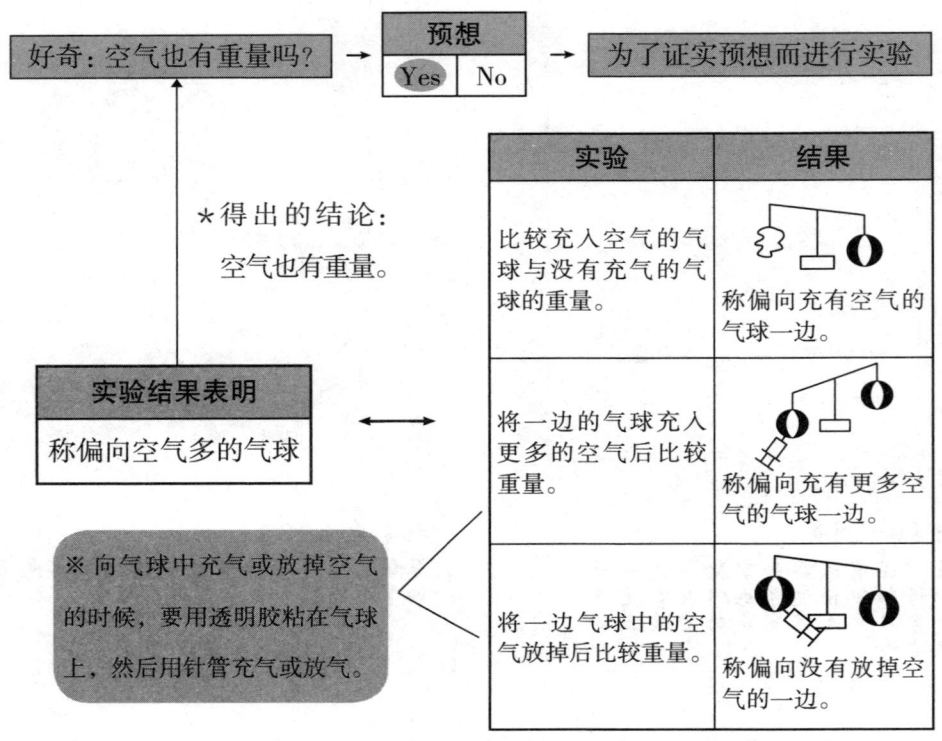

🌑 将实验中所学到的知识用一目了然的方式进行了归纳

② 将新学到的知识用一目了然的方式进行归纳。

将新学的东西用自己的方式进行归纳，以此区分出一定要记忆的知识、最好记忆下来的知识和不需要记忆的知识。通过这个归纳过程，可以节省学生的时间和所付出的努力。

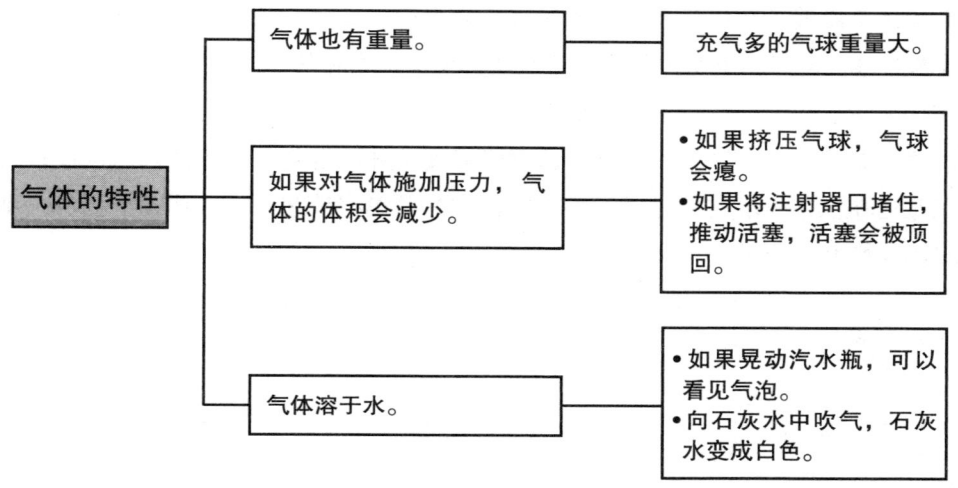

● 整理单元学习的主要内容

将各科目的知识综合起来阅读课本

  阅读所有科目的教科书时，都需要将各科目学习的内容综合起来，只有如此，才能提高学习成绩和学习兴趣。

  前面学习了阅读语文、社会学和科学教科书的方法，但是上述方法并不是只适用于语文、社会学和科学的，它也同样适用于其他科目。此外还有一点非常重要，阅读所有科目的教科书时，都需要将各门科目的学习内容综合起来进行阅读。

  比如说，小学四年级第一学期的语文课上学习了"找中心内容"和"讨论"后，就可以应用到四年级第二学期的社会学科目中，找出教科书中的核心内容，

第3章 阅读能力决定所有科目的成绩 79

并对其进行讨论。科学和其他科目也是如此。

前面已经讲过，与其他书籍相比，教科书是最优秀的学习指导书，当然，其前提是能够正确阅读并理解教科书中的内容，也就是说，只要能够正确地阅读教科书，就可以成功地提高学习成绩，体会到学习的乐趣。

正确地阅读了教科书后，再阅读其他相关书籍，就可以更准确地理解知识内容。如果具备了这种阅读能力，就能够阅读并综合各种文章内容。因此，现在就把堆积在角落的参考书、相关书籍和习题集都放在一边，让孩子们从仔细阅读教科书开始吧。

第4章
阅读能力决定各年级的成绩
——每个年级都有必须具备的阅读能力

1. 准确了解孩子的阅读能力

不了解孩子阅读能力的父母们拥有共同的错觉
不要匆忙地根据阅读能力诊断结果判断孩子
父母可以对孩子的阅读能力作出诊断

2. 各年级需要具备的阅读能力

小学一年级需要具备的阅读能力
小学二年级需要具备的阅读能力
小学三年级需要具备的阅读能力
小学四年级需要具备的阅读能力
小学五年级需要具备的阅读能力
小学六年级需要具备的阅读能力

1. 准确了解孩子的阅读能力

　　为了准确了解孩子的阅读能力，父母不仅要观察孩子阅读的态度和兴趣，还要关心并仔细检查孩子的读书笔记、作文本、学习成绩单等。只有正确地了解了孩子的阅读能力水平，才能够进行正确的阅读教育，通过教育提高其阅读能力，进而使孩子能够独立的学习。

不了解孩子阅读能力的父母们拥有共同的错觉

因为大部分的父母都认为孩子的阅读能力已经达到了自身年级所应具备的水平,所以没有对阅读能力予以充分的重视,结果导致学习成绩无法提高的情况发生。

父母对孩子的阅读能力究竟有怎样的了解?答案颇为遗憾。大部分的父母不能够准确把握自己孩子真实的阅读能力,许多父母甚至不知道阅读能力的概念,还有许多人是第一次听说,即使听说过也没有进行深入的思考。

那么,从现在开始父母要对孩子的阅读能力和阅读水平给予高度的关注了,因为只有如此,才能进行正确的阅读教育,通过教育提高其阅读能力,进而使孩子能够独立的学习。

"不知道啊……孩子喜欢读书,读书的速度也很快,不知道他是不是读得正确,应该能够达到年级的正常水平吧。"

"孩子越来越讨厌看书,不知道该怎么办,但是也应该能够达到年级的正常水平吧?"

上面的对话是两位母亲对子女阅读能力达到何种水平的回答,无论是喜欢读书的孩子还是讨厌读书的孩子,他们的母亲都认为自己的孩子"能够达到年级的正常水平",虽然回答一样,但是含义却截然不同。

第一位母亲所说的"能够达到年级的正常水平"是很谦虚的说法,回答中暗含着对孩子应该具备了超出年级正常阅读能力水平的自信。喜欢读书的孩子一般都会从高于自身年级的书籍中体会到乐趣,他们可以毫不费力地进行阅读,学习成绩也很出色。

对这样的孩子进行阅读能力诊断,可以发现结果与父母们预测的一样,孩子们具备了比自身年级更高的阅读能力,但是,如果再仔细观察,却可以发现这些孩子中的很大一部分对事实的理解能力很强,而推理能力或对细节的掌握能力则相对较差。

在这种情况下，即使孩子一直能维持着相对稳定的学习成绩，但在参加诸如高考等要求能够理解教科书以外的多种知识的考试中，成绩很可能会下滑到让人难以置信的程度，这让父母和孩子们同时感觉到惶恐和不安。

产生这种结果的原因往往是对阅读能力的关注不足，错失了补救的机会，所以在决定性的时刻才会遭受挫折。

第二位母亲所说的"能够达到年级的正常水平"则是暗含着不关心和无知，同时，回答中缺少自信。因为不知道"年级正常水平"的准确概念，所以只能盲目地期待"应该不会低于年级正常水平"。

这样的孩子遇到简答题的时候，一般不会有太大的困难，但是如果遇到需要同时说明前后文状况的问题时，则无法作出较为完整的回答。同时，因为对词汇的理解能力不足，对比喻性的表达方式无法进行正确的解释。如果不注意观察，我们也往往会误认为这些孩子的阅读能力已经达到了年级正常水平。

如果对这些孩子进行个人的阅读能力诊断，就会发现他们在词汇能力、推理能力、回想能力等方面均低于年级正常水平。这些孩子偶尔会取得好一点的成绩让父母稍感安心，但多数情况下还是维持着较低的学习成绩。

孩子的阅读能力水平是高于、等同于或低于年级的正常水平并不是最关键的，最关键的是父母和老师能够认识到阅读能力的概念及其重要性，从而准确判断孩子的长处和不足，以进行相应的阅读指导。为此，最先进行的应该是准确把握孩子的阅读能力水平。

为了准确了解孩子的阅读能力，父母们首先要观察孩子阅读的态度和兴趣，还要关注并仔细检查孩子的读书笔记、作文本和学习成绩单等。

不要匆忙地根据阅读能力
诊断结果判断孩子

　　阅读能力诊断的结果只是对孩子进行诊断的一个重要因素，可以作为参考，然后结合孩子的情绪、认知和心理要素进行综合的分析。但是，诊断结果绝不是以评价孩子为目的的。

　　对孩子的阅读能力进行诊断是为了更好地了解孩子的长处和不足，从而在指导孩子阅读时加以应用。现在，对孩子的阅读能力进行诊断的机构有许多家，因此父母们容易出现盲目地寻求诊断和判断的倾向，这种倾向对孩子的教育来说是非常危险的。

　　诊断阅读能力水平与中医诊断患者的过程相似，医生在诊脉前，至少会利用一个小时左右的时间询问患者喜欢和不喜欢的食物，出生后患过何种疾病，甚至还可能会询问母亲在怀孕期间喜欢什么样的食物等。这些问题看起来与现在所患的疾病毫无关系，但实际上，现在出现的病症与患者的饮食和生活习惯是有着密切关系的。

　　阅读能力的水平也需要用相似的方法来诊断，我们只是将其结果作为对孩子进行诊断的一个重要的参考要素，同时还要结合孩子的情绪、认知和心理要素进行综合的分析。所以，最好请经验丰富的专家来诊断孩子的阅读能力。**在诊断结束后，不应该把诊断结果作为判断孩子阅读能力的尺度，而是应该从中发现孩子在阅读中的长处和不足。** 只有这样，才能进行有效的阅读指导。

父母可以对孩子的阅读能力作出诊断

在向专家求助之前，父母也可以事先对孩子的阅读能力是否达到了正常水平进行诊断。

如果孩子能够跟上学校的学习进度，毫不费力地阅读学校所推荐的相关书籍，那么我们不妨认为孩子的阅读能力并没有太大的问题。这时，即使不通过专家，父母也可以亲自对孩子的阅读水平进行检查。但是如果怀疑孩子的阅读能力远远高于或低于年级的正常水平，则需要通过专家进行准确的诊断。

::阅读能力的诊断方法

下面来学习如何诊断孩子的阅读能力。我们评价的项目包括有无背景知识、朗读和默读能力、朗读态度、朗读速度、回想能力和理解能力等6项。在诊断阅读能力时首先要观察孩子的健康状态是否良好，是否处于平静的心理状态，因为只有在孩子的身体和精神都处于良好状态时才能够得出比较准确的结果，如果孩子的状态不好，则应该推迟诊断。诊断问卷可参考附录，此处只讲解一下诊断方法。

（1）诊断前的评价

在诊断前需要对诊断问卷的核心内容进行提问，这是为了确认孩子对背景知识的掌握程度。因为背景知识对理解能力起着重要作用，所以评价背景知识的掌握程度极为重要。

（2）诊断

① 检查朗读能力和默读能力

这是为了评价阅读文章的流利程度而设置的项目。阅读的流畅性是指不需要进行有意识的努力,自动地阅读文章的能力。一般来说,小学一二年级采取朗读的方式,三年级以上采取默读的方式,但是,如果孩子的理解水平非常低,则不考虑年级,一概采取朗读的方式来检查是否有错误。

孩子朗读文章后,家长要对朗读中出现的错误部分进行记录,错误的类型分为插入(朗读了文章中没有的内容)、省略(跳过文章中的部分内容)、替代(用含义相似的词代替了原文中的词)、倒置(和平→平和)。如果在朗读的过程中,孩子自己发现了错误,并在3秒之内改正过来,可以不记录为错误。

"朗读的流畅性"可以诊断孩子对文章内容和整体脉络的理解程度,朗读错误频繁意味着对文章脉络的理解能力差。

② **检查阅读态度**

检查并记录孩子在朗读文章时的声音是否稳定,姿势是否正确,视线是否平稳。如果在朗读的时候出现严重口吃或目光经常移动的情况,则需要迅速判断孩子是因为心理上的不安还是因为理解能力差而出现了上述情况。如果是因为心理方面的要素而产生这些问题,则需要在孩子平静下来后再继续进行诊断,才能够得出准确的诊断结果。

③ **测定朗读速度**

测定朗读的速度,并将它记录下来。朗读速度可以作为诊断理解能力、朗读流畅性和朗读态度时的参考资料。如果朗读速度过慢,则需要怀疑孩子的词汇能力是否不足。通过朗读和默读时理解速度的差异可以看出孩子的阅读能力发展水平。通常,默读速度应该比朗读速度快1.5倍或两倍。

④ **检查回想能力**

在孩子阅读完文章后需要让他对文章的内容进行回想,这是为了检查孩子是否遗漏了重要的内容,在回想时的顺序是否正确,是否进行了有逻辑地回想等问题。如果在回想的时候出现了重要的遗漏,或回想得杂乱无章、毫无顺序,则很有可能说明孩子没有能够准确地理解文章的结构。用回想出的项目除以整体项目数,得出的百分比即为结果。通过对孩子回想起的信息数量和信息的重要性进行分析就可以诊断孩子的记忆力和逻辑思维能力。

⑤ **检查理解能力**

这是为了检查词汇能力、对事实的理解能力、推理能力和把握主题的能力而设置的项目。在这里，父母提出的问题必须是明确的，能够反映文章重要内容的，同时，不需要一般性的常识和经验，只要通过阅读文章就能够回答的。如果是不需要阅读本篇文章，而是依据一般性的常识就可以回答的问题，则是针对一般性常识而非理解能力进行的评价了，因此诊断结果会出现差异。

诊断的人提问，被诊断的人回答，可以由进行诊断的人记录并计算结果，也可以由接受诊断的人直接记录自己的答案。用答对的项目数除以整体项目数得出最终结果，将最终结果与下表相比较，可以得出相应的阅读能力水平。

阅读能力水平	回答理解能力问题的正确率
可以独立阅读的水平	90% 以上
通过指导可以阅读的水平	75% ~ 90%
必须要通过指导才能阅读的水平	50% ~ 75%
需要努力提高的阅读水平	50% 以下

* 如果说出了答案的一半内容，则应该得到 0.5 分。

（3）评价诊断结果

① **可以独立阅读的水平**

如果阅读能力评价结果为 90% 以上，则可以判定为具有独立阅读的水平，处于此水平的孩子，即使没有父母和老师的帮助也能独立地阅读自己年级水平的书籍。他们通常具有出色的理解能力，几乎能够在看到内容的同时进行同步理解，因此默读的速度很快。他们能够非常流利的朗读，虽然偶尔也会出现错误，但不会影响对内容的理解，因此不会产生问题。达到此水平的孩子很喜欢阅读高于自己年级水平的书籍。

② 通过指导可以阅读的水平

如果阅读能力评价结果为 75% ~ 90% 之间，则可以判定为通过指导可以阅读的水平。处于此水平的孩子虽然不能够十分轻松地阅读自己年级水平的文章，但是经过父母或老师的指导后，就可以很容易地理解文章的内容。还有一些概念和词汇在他们进行一定的努力后也能够理解，另外，他们在默读时已具有一定的速度。

③ 必须要通过指导才能阅读的水平

如果阅读能力评价结果为 50% ~ 75% 之间，则可以判定为必须通过指导才能阅读的水平。处于此水平的孩子在阅读和理解自己年级水平的文章时会遇到很大困难，遇到生疏的词会感到很难理解，朗读和默读的速度均很慢，朗读时错误频繁发生。因为他们理解文章的能力不足，经常会出现跑题、遗忘或理解错误等问题。因此，父母或老师的指导是必需的。如果不能得到帮助，孩子们就很难跟上学校的学习进度，并有可能因此而产生挫败感。

④ 需要努力提高的阅读水平

如果阅读能力评价结果为 50% 以下，则可以判定为需要努力提高的阅读水平。处于此水平的孩子需要专家的指导。他们的朗读和默读速度均很慢，朗读时不仅错误百出，而且声音极为不稳定，有时候，甚至会出现呼吸不均匀的现象。他们需要从低于自己年级水平的文章开始，逐步提高阅读能力，同时需要帮助他们从阅读恐惧中解脱出来。

* 附录中附加了不同年级阅读能力评价诊断题，希望大家利用此测试题对孩子的阅读能力进行诊断。

2. 各年级需要具备的阅读能力

小学一年级培养良好的阅读习惯；小学二年级树立阅读能力的概念，使孩子喜欢阅读；小学三年级提高阅读能力，使孩子能够具备理解复杂结构文章的能力；小学四年级正式开始应用阅读方法；小学五年级积累学习方法和相关的阅读方法；小学六年级阅读的基本方式定型。

小学一年级需要具备的阅读能力

小学一年级是培养阅读习惯的时期。

    小学一年级最重要的阅读能力是"流畅性"。朗读时,能够准确的发音,根据文章意思调整朗读的速度和声音,并能够根据标点符号进行正确的阅读。阅读后能够根据原文的正确顺序进行罗列,对原文的重要内容及相关的详细内容能够准确记忆,并根据内容正确地为文章命题。

    因为小学一年级是形成阅读习惯的重要时期,因此一定要仔细观察孩子在阅读时是否出现声音不稳定的情况,是否时常晃头或者摆动身体等等,如果出现了上述现象,可能是因为缺乏自信心,也可能是因为阅读习惯不正确,家长需要针对不同的原因采用不同的对策。

:: 一年级阅读的教育课程

新学的文章种类:生活文章、儿童诗歌、古代故事

(1) 吟读战略

- 正确断句
- 阅读的同时注意标点符号
- 找出有趣的表达方式,有感情地朗读

(2) 叙述性文章的理解战略

① 阅读时把握人物的外貌及性格
    谁做了什么?
② 阅读时找出作者的意见
- 思考文章主题

- 找出人物的意见

③ 将阅读后的感受表达出来

（3）说明文的理解战略
- 找出表示作者想法的部分
- 整理重要内容
- 向朋友讲述重要内容

小学二年级需要具备的阅读能力

随着理解力的不断提高，小学二年级是津津有味地阅读书籍的时期。

到了小学二年级，孩子便已经达到了可以津津有味地阅读书籍的水平。他们在朗读的时候，喜欢根据文章脉络，带有感情地读给朋友或弟弟妹妹听，喜欢读书正是理解能力提高的标志。

小学二年级所需要具备的阅读能力水平是指孩子在阅读了文字量不多的书籍后能够说出主题，能够记住书中出现的主要人物做了什么事情，能够按照顺序说出故事的内容。在阅读过程中如果出现不懂的词，能够根据前后文内容对生词的意思进行推测，并且能够对文章的内容进行总结，最后得出结论。

如果欠缺这种能力，则无法很好地解答数学中的应用性问题，或者在学校做实验时，不能准确地理解要求事项，从而得出与命题者意图完全不同的答案。

小学二年级时，与朗读相比，孩子们更喜欢用眼睛去默读。但是，偶尔也会有眼睛一直在阅读文字，却没有正确地把握文章内容的情况，因此阅读过后未能记住任何内容。

这与阅读能力无关，主要是因为没有掌握阅读方法而引起的。这时，父母需要引起充分的重视，先让孩子阅读书中的一两页内容，然后进行有针对性的提问，从而使孩子认识到在阅读的同时需要记住书中的内容。

如果不对孩子进行这样的引导，孩子的阅读能力就会逐渐落后于自己年级的水平，最终导致学习成绩较差。

∷ 二年级阅读的教育课程

新学的文章种类：参观记录、传记、信件

（1）叙述性文章的理解战略

- 听的同时对场景进行联想
- 用图画来表示
- 试着讲述与话题相关的内容
- 准确地传达所听到的内容
- 想象接下来的内容
- 反复应用有趣的表达方式
- 有兴趣地阅读后说出内容及感受
- 按照写作要求进行写作
- 写出能够提起读者兴趣的简短文章

（2）说明文的理解战略

阅读文章后把握大概内容，关键是把握文章的中心。

小学三年级需要具备的阅读能力

小学三年级是理解复杂结构文章的时期。

与小学一二年级相比,孩子在三年级时可以阅读内容较长并且结构复杂的文章了。因此,在阅读的同时,他们应该能够在头脑中对"书中登场的人物为什么有这样的行动"、"作者的写作意图又是什么"进行整理,并且在阅读后能够按照顺序对内容进行归纳和概括。

小学三年级时应该能够做到一边整理想法一边阅读,否则在阅读过程中就会丢失重点,同时还会失去阅读的原动力——兴趣,从而,在阅读中途放弃阅读。

如果与二年级相比,孩子对阅读的兴趣降低或对符合自己年级水平的书籍不感兴趣,只喜欢看漫画和图画书,这是因为孩子的阅读能力没能够赶上自身年级的水平。这时,父母就需要了解孩子的阅读能力处于何种水平,然后根据孩子的阅读水平寻找解决方法。

另外,这一时期也是孩子自己主动学习,或在父母的引导下去图书馆或书店阅读的时期。孩子通过判断自己对什么领域的书籍感兴趣,找出适合自己阅读的书籍,从中学习在哪里或者是如何找到自己所需要的信息。因此,父母应该帮助孩子学会根据阅读目的选择书籍的方法,激发孩子的阅读兴趣,促使孩子喜欢上阅读。希望各位父母一定不要忽略这个重要时期。

::三年级阅读的教育课程

新学的文章种类:童话、说明文、剧本、议论文、观察日记、读后感

(1)词汇战略

- 区分同音词
- 思考生疏词汇的含义(把握文章脉络)

（2）叙述性文章的理解战略

- 归纳文章的中心
- 把握人物性格
- 了解连词的含义，把握前后句子的关系
- 把握事件的顺序
- 与自身的经历相结合
- 把握因果关系
- 把握故事的脉络（人际关系、事件的顺序、想象后文可能发生的故事）

（3）诗歌的理解战略

- 符合意境讲述
- 有感情地朗读
- 表达自身的想法和感受
- 理解人物的心情或思想

（4）说明文的理解战略

- 了解句子的连接关系
- 对新学到的内容进行整理
- 理解作者的思想
- 将作者的思想与自身的想法进行比较

小学四年级需要具备的阅读能力

小学四年级是正式开始阅读书籍的时期,同时也是将自身的想法与文章中的内容相结合的能力得到迅速发展的时期。

小学四年级是正式开始阅读书籍的时期,同时也是将自身的想法与文章中的内容相结合的能力得到迅速发展的时期。这一时期,孩子在读书时即使遇到生疏的词汇,也可以根据文章脉络猜测出含义。

另外,孩子在阅读后,也应该能够找出文章的主题,对整体内容进行归纳概括。同时,要能够区分出文章中出现的主要信息和次要信息,并按照整理的内容,对文章进行说明。

小学四年级的阅读能力水平应该能够理解作者的写作意图及文章中出现的人物做出的行动,阅读了一半或一半以上的内容后,自己应该能够将后面的内容续写下去。

在这一时期,孩子将根据兴趣爱好、学习需要、信息交流等不同的目的来寻找书籍进行阅读。所以,父母和老师应该防止孩子只选择自己感兴趣的书籍,而要多推荐孩子阅读那些文章结构清晰,蕴涵着丰富词汇的名著。

::四年级阅读的教育课程

新学的文章种类:游记、喜剧、调查记录

(1) 词汇战略

① 把握词汇间的关系
- 同义词
- 反义词
- 多义词

② 为了解词汇的含义，先记录，后查找

③ 使用词典

（2）叙述性文章的理解战略

① 想象

- 预测后续内容
- 想象文章中间部分的内容

② 根据题目预测内容

③ 把握人物

- 了解人物的性格和想法
- 根据时代背景及文化背景把握人物的人生轨迹
- 将人物的生活面貌，思考方式用自己的语言表达出来
- 将事件按照发生的时间、空间进行重新组织并尝试写作

④ 把握主题

- 主题：作者想传达给读者的中心思想
- 寻找主题：通过题目、人物的语言或行动，故事的发展经过等来思考

⑤ 根据文章种类采用不同的阅读方法

- 信件：了解文章想要传达的消息
- 诗：领会文章表达的思想或感受
- 了解韵文和散文的差异

（3）说明文的阅读战略

① 概括

- 针对什么写的文章？
- 重要内容是什么？
- 什么时候，在什么地点做了什么？

② 根据文章种类不同采用不同的阅读方法

- 说明文：针对什么进行说明
- 议论文：表达作者怎样的想法

③ 针对主题进行猜测,在阅读过程中不断修正
④ 选择切合主题的内容,进行听、说、写训练
⑤ 通过文章的写作对象把握主题
⑥ 了解作者的主张,针对作者的主张表达自己的看法
⑦ 给文章命名或判断题目是否恰当

小学五年级需要具备的阅读能力

小学五年级是正式掌握与学习相关的阅读能力的时期。

小学五年级正式开始了与学习相关的阅读,这时,即使书本内容没有意思也要读完,书中的思想即使与自己的不同也要学会从作者的角度去理解和接受,然后进行客观的阅读。

同时还要学会区分同音词的不同含义,还要知道即使是相同的词根据文章内容的不同也会有不同的含义。另外,五年级是理解"象征"手法的时期,所以还需要很好地理解比喻的方式(明喻、暗喻)及常用的表达。

在理解能力方面,要能够概括书的内容,同时区分不同内容的重要程度。可以根据文章中出现的图表或曲线图等推测出文章的内容,在需要的时候,还能作为信息来应用。

孩子到了小学五年级的时候,需要具备多种与学习相关的阅读能力。如果到了五年级仍没有具备这些能力,则需要付出大量的努力了。

:: 五年级阅读的教育课程

新学的文章种类：演讲稿、读书日记、童谣、回忆录

（1）词汇战略

① 利用工具书，判断是否使用了正确的词汇
② 通过文章内容判断词汇的含义
③ 使用比喻的表达方式写作

（2）叙述性文章的理解战略

① 阅读的同时预测因果关系和发展顺序
② 将自己对作品的感受与他人进行比较和分享
③ 运用有趣的表达方式——效果、感受、结果
④ 比较现实与文章中人物的生活
⑤ 了解正确的阅读方法

（3）说明文的理解战略

① 对省略的内容进行推理
② 灵活运用必要的资料和信息
③ 区分是事实还是作者的见解
④ 利用背景知识进行推理

小学六年级需要具备的阅读能力

小学六年级是阅读能力培养的完成时期。

按照教育课程计划，通过小学六年的时间接受了阅读教育的孩子在阅读文章时应该能够找出重要的段落、句子和词语，通过中心词能够推测出文章的内容，能够把握文章和词汇中蕴藏的含义，并在阅读和写作时能够使用比喻的表达方式。

同时，孩子通过文章的内容可以判断出是事实情况，还是作者在进行主观说服。阅读叙述性文章时，不仅能够区分文章中出现的人物究竟是正面人物还是反面人物，而且应该能够将人物的行动与当时的社会背景和状况联系起来进行分析判断。

具备了六年级阅读能力的孩子在阅读文章后，为了更好地理解文章的内容，会运用自己的战略，即根据阅读目的的不同，调节阅读速度。如果读书过程中没有能够理解文章的内容，会重新阅读，或者查找一些有助于理解的资料，同时，在读书时，还能够调动自己所掌握的背景知识。

六年级的学生应该已经形成了阅读能力的框架，阅读时能够自然地把握中心内容和主题思想，同时还应该带有批判的态度。

::六年级阅读的教育课程

新学的文章种类：古代随笔、诗歌、民间故事、神话、传说、讨论记录、小说

（1）词汇战略

① 找出并理解中心词

② 运用俗语、常用语、格言及名言

(2) 叙述性文章的理解战略

① 了解表面含义和深层含义,并感受其不同的表达效果

② 了解事件的发展与背景之间的关系

③ 将作品的文化价值与现实进行比较

④ 表达自己对文学作品的感受和想法

⑤ 将文学作品中反映的现象与现实社会进行比较

⑥ 选择有价值的文学作品和录像资料

(3) 说明文的理解战略

① 提出有说服力的资料,学会进行反驳和为自己的主张辩护

② 培养解决身边问题的能力

- 分析原因,提出解决方案
- 判断解决方案是否合理

③ 通过中心词、中心内容及对内容的概括把握文章的整体,比较初步掌握的内容与所概括的内容之间的差异

第5章
同时提高阅读能力和学习能力
——选择并阅读能够同时提高阅读能力和学习能力的书籍

1. **通过叙述性文章提高阅读能力**
   通过古代故事提高阅读能力
   通过创作童话提高阅读能力
   通过古典小说提高阅读能力
   通过伟人传记提高阅读能力

2. **通过信息性文章提高学习能力**
   信息性文章是提高学习能力的最好选择
   通过历史类书籍提高学习能力
   通过社会学和科学类书籍提高学习能力
   通过报纸提高学习能力

1. 通过叙述性文章提高阅读能力

通过阅读大量的叙述性文章可以接触到各种主题，不仅能够丰富背景知识，而且能够拓展思想的深度和广度。

通过古代故事提高阅读能力

古代故事具有明确的主题和单纯的结构,能够帮助孩子培养公正意识和道德意识。

自古以来就流传着许多有趣的古代故事,比如我们小时候很喜欢听的《兴夫和诺夫》、《瘤老头儿》等这样的传说或民间故事,具有简短、起承转合明确及朗朗上口的特点,孩子和大人都喜欢倾听并讲述给别人,这样一代一代流传下去。

古代故事具有如下几个特征:其一是将同一个非常单纯的结构进行多次重复。其二是故事简短且具有明显的惩恶扬善的思想。在故事中,善良的人们都能得到上天的祝福,获得幸福,而坏人做坏事后需要付出代价,变得不幸。这种鲜明的对比能够激发读者的道德意识和公平公正的意识,给孩子读这些故事的时候尤其要强调这一点。其三是故事中蕴含着贫穷弱小者的期待,主人公大部分都是贫穷弱小的百姓,但是他们拥有那些官僚和富人们所没有的智慧和善良,这成为了他们生存下去的重要武器,这说明了古代故事不是权力阶层的故事,而是属于平民百姓自己的故事。

另外,古代故事里经常会出现"三"这个数字,仔细观察就会发现,主人公要经历三次磨难,愿望也是三种。如果能够像这样找出只有在古代故事里才能发现的特征,就能够更准确地把握文章的意图了。

∷ 古代故事的阅读方法

① 站在主人公的立场上读。
- 主人公是谁?
- 周围有什么人物?
- 现在主人公遇到了什么样的困难?

② 阅读时思考解决问题的办法。
- 主人公遇到了什么问题？
- 主人公是怎样一步一步解决问题的？
- 主人公解决问题的过程中得到了谁的帮助以及怎样的帮助？
- 问题是怎样解决的？

③ 思考登场人物的性格与故事的结局有怎样的联系。
- 主人公得到幸福的原因是什么？
- 坏人变得不幸的原因是什么？

④ 阅读的同时想象一下如果是我会怎么办？请站在主人公的立场上进行思考。

⑤ 思考文章想要传达的信息是什么。

∷ 适合孩子阅读的古代故事

小学一年级

《红豆粥奶奶和老虎》、《去寻找幸福的人》、《能干的五个朋友》、《黄泉的库房》

小学二年级

《可笑能力的故事》、《长胜好冷哆哆嗦嗦》、《老虎肚子里抓鲸鱼》、《心酸的古代故事》、《是谁啊，恶鬼呗》

小学三年级

《白头山的故事》、《青龙和黑龙》、《灵魂的公主》、《淹没在小便中的山》、《世

上发生的故事》、《纵览古代故事系列》（全10册）

＊按年级区分是代表从该年级开始可以阅读。

通过创作童话提高阅读能力

创作童话是将我们生活中发生的事情编成有趣的故事。在给孩子阅读创作童话的时候应该从轻松的素材开始逐渐过渡到沉重的素材。

创作童话是将我们生活中发生的事情编成有趣的故事。创作童话的范围十分广，从孩子周边的朋友、成绩、家庭、学校等生活素材到环境、战争、人权等社会热点问题都可以成为创作童话的重要素材。

创作童话可以激发孩子阅读书籍的兴趣，可以让孩子感到好像是发生在自己身上的事情一样，产生身临其境之感。通过主人公经历的事情，可以引导孩子进行更深入的思考，"啊，不仅是我有这样的想法啊。""啊，不是只有我遇到过这样的困难啊。"同时还能让孩子得到心灵的慰藉。另外，通过主人公克服困难的过程，也可以培养孩子解决问题的能力。

孩子在阅读的过程中将自身的经历与童话中的事件相比较，会产生"这种情况下可以这样做啊""如果这样想会怎么样呢？""如果是我，会这样做"等想法。通过这些想法既可以学会对自身进行反省，也可以学会如何理解他人。另外，童话中出现的多样化主题可以丰富孩子们的间接经验，拓宽孩子的想象思维，并让孩子更富有爱心。

创作童话是"故事"的一种，它与古代故事有着相似的结构，主人公周围一定会有一些心灵丑陋的反面人物给他制造磨难，需要主人公克服重重困难。这些内容与超越现实地讲述传奇性故事的文学作品并没有太大的区别。

"名著"则是从很久以前流传下来，一直受到人们喜爱的故事，其趣味和感动程度是与众不同的。如果父母不考虑孩子的接受能力，让孩子从很小的时候就开始读"世界名著全集"是不可取的。

当孩子感觉读书是一种负担的时候，就会对书产生偏见，渐渐远离书籍。针对这种情况，父母应该在孩子的理解能力发展到能够接受有深度的内容时（大概从小学四年级开始），让孩子逐渐接触名著，这才是最有效的。

另外，在阅读名著的时候，与其读简化本，不如读原著，因为只有阅读原著才能够真正地体会到名著的魅力。有的父母希望孩子能够尽快地阅读名著，就会给孩子买简化本，但简化本是将原著的长篇故事概括成简短的小故事，因此感动的深度会差很多。

如果考虑到孩子的阅读能力有限，只让孩子阅读了简化本，那么在孩子长大一些以后，一定要让孩子重新阅读原著，这样一来，以前阅读的内容就会成为孩子的背景知识，使他能够更津津有味地阅读，体会名著的巨大魅力。

:: 创作童话与名著的阅读方法

① 作者是谁，思考一下作者的写作意图是什么。
② 阅读时注意空间和时间背景。
③ 阅读时注意把握主人公和其他主要人物的性格特征。
④ 阅读时要与自身的经历相联系。
⑤ 以发生在主人公身上的事件为中心，归纳主要内容。

- 主人公遇到了什么事情？
- 事情是怎样发展的？（解决问题的过程）
- 事件怎样解决的？

⑥ 试着重新编写故事的结尾。
⑦ 思考一下如果我是主人公的话，我会怎样行动。
⑧ 思考作者想要传达的主题是什么。

∷ 适合孩子阅读的创作童话

小学一年级

《抱着蛋的狐狸》、《放屁万岁》、《青蛙与蟾蜍是朋友》、《狐狸的电话亭》、《我喜欢高个子贤珠》

小学二年级

《受到邀请的孩子们》、《火车奶奶》

小学三年级

《唠叨解放的日子》、《炸酱面辣海鲜汤面糖醋肉》、《说出来》、《两块儿魔法糖》、《星期二的魔鬼》、《我妈妈是女布兰卡》

小学四年级

《王子和挨打的孩子》、《我就是我》、《即使你胖,也还是我的朋友》、《警察摩托车没有来的日子》

小学五年级

《Joker》、《珍岛犬白九回来了》、《秀一和水一》、《真正的魔女》、《别出售武器》、《上界洞的孩子们》

小学六年级

《我朋友身上发生的事情》、《特里盖的山泉》、《夏洛特的蜘蛛网》、《转基因孩子》、《慈堂大人消失了》、《清澈村子的孩子们》、《我不是别人》、《雷啊,听我的呐喊吧(我人生的书)》

∷适合孩子阅读的童话名著（小学四年级开始）

《汤姆索亚历险记》（马克·吐温）、《十五少年漂流记》（儒勒·凡尔纳）、《雾都孤儿》（查尔斯·狄更斯）、《小公主》（弗朗西斯·霍奇森·伯内特）、《金银岛》（罗伯特·路易斯·史蒂文森）、《长腿叔叔》（韦伯斯特）、《绿山墙的安妮》（露西·莫德·蒙哥马利）

通过古典小说提高阅读能力

古典小说是19世纪以前创作出来的小说，读者需要有一定的历史背景知识才能够阅读，因此是否具有历史背景知识决定着对古典小说的理解程度。

古典小说也叫作古代小说，是19世纪以前创作的作品。让孩子阅读古典小说的时候，应该先让孩子了解小说创作的时代背景，因为小说的时代背景与小说中所要表达的主题有着密切的关系，只有了解了小说是什么时候创作的，小说的故事又是发生在怎样的时代背景下，才能够更好地理解书的内容。

比如说朝鲜的小说《朴氏夫人传》是以丙子胡乱为时代背景的。书中写到朴氏夫人因为模样长得难看，受尽了欺辱，但是她用自身的智慧和道法，勇敢地面对连男人们都无法承受的战乱，并最终取得了胜利。作者写作的意图是批判蔑视女人的社会，歌颂女性的坚强和智慧，同时讽刺了让百姓处于水深火热中的无能的官僚阶层，揭示了战争失败的真实原因，唤起百姓的觉醒。

无论是古典小说，还是现代小说，在阅读的时候，都要仔细研究作家所虚构的人物，因为把握人物的性格是理解小说内容的关键。

古典小说中包含了很多现实中根本不可能存在的场景，例如腾云驾雾、使用法术击退敌人或预测未来等，这些都是经常出现的内容，也是古典小说的特点，这样的表现方式也为我们从侧面了解古代人民的思想提供了机会。

另一方面，与古典小说具有相似结构的历史小说是以历史事实为背景，作家动用自己的想象力虚构出来的故事，历史小说与古典小说一样，只有了解了其发生的时代背景和真实事件，才能够更好地理解小说的内容。

∷ 古典小说及历史小说的阅读方法

① 阅读时要把握时代背景。
② 阅读时将历史上实际发生的事件与小说中的故事进行比较。
③ 阅读时注意区分历史中的实际人物与小说中的虚构人物。
④ 阅读时找出生活在那个历史时代的百姓们有何种期望。
⑤ 阅读时注意找出能够很好地反映古典小说特点的部分。
⑥ 阅读时注意把握人物的性格特征。
⑦ 阅读时注意思考作家想要传达给读者什么样的信息。

∷ 适合孩子阅读的古典小说

小学三年级

《金铃传》

小学四年级

《朝鲜女杰朴氏夫人》、《雍固执传》

小学五年级

《朴文秀传》

小学六年级

《随风舞动的衣袖——洪吉童传》、《山鸡传》、《兔子传》

∷适合孩子阅读的历史小说

小学四年级

《广开土大王》

小学五年级

《小皇帝的眼泪》、《啊,好童王子》、《上天的儿子檀君》

小学六年级

《最后的王子》、《高丽少年苗子》

通过伟人传记提高阅读能力

小学三四年级是理解能力发展的重要时期,此时的孩子应该能够将时代背景与人物联系起来,因此适合阅读伟人传记。

伟人传记是以优秀的、值得世人学习的人物生平事迹为基础撰写而成的,孩子们可以通过阅读这些人物的生平引发多角度的思考,并设计自己的未来。

父母很希望孩子通过阅读伟人传记,长大后也能成为像书中人物一样优秀的人,于是很早就买来各种伟人传记给孩子阅读。

但是，大部分的伟人传记都并非当代的人物故事，因此，至少要到小学三四年级才能够将伟人生活的时代背景与人物性格特点结合起来理解。

如果父母希望尽早让孩子阅读伟人传记，那么，最好是先选择主题明确、简单易懂的书籍。到小学三四年级再让孩子阅读包含伟人的思想、功绩、足迹和时代背景等多方位内容的书籍。

一般来讲，伟人传记应该采用与创作童话和名著不同的方法来阅读，因为伟人传记记述的是真实的人物生平，所以，阅读时一定要考虑到伟人的生活环境和人格特征，其中环境主要指时代背景和周围人物。

试想一下，如果李舜臣将军生活在当今社会，能够成为将军吗？当然，李舜臣将军具有出众的领导能力，坚韧不拔的精神和谦虚等优秀的品质，即使生活在当今社会，也一定会成为伟大的人物。但是，李舜臣将军只有在那个时代，经历那样的磨难，才能完成那样的业绩。评价人物功绩的时候一定要考虑到这一点，即不要忽视时代造英雄。

因此，在阅读伟人传记的时候，要同时考虑时代背景、人物所创造的业绩和创造功绩的人为条件等诸多要素。另外，还要思考从伟人身上应该学习到什么，以及伟人身上是否也存在着作为人类所不可避免的软弱的一面，他们又是怎样克服的等等。

特别要注意的是，不要让孩子认为伟人是与众不同的特别人物，而是要让孩子认识到伟人与普通人没有什么不同，如果孩子能够为了成为这样优秀的人才而不断地努力，那么这就已经是通过阅读伟人传记所能够获得的最好效果。

::伟人传记的阅读方法

① 要了解优秀人物生活的时代背景。
② 阅读时要考虑是谁对优秀人物的性格品质或伟大功绩产生了重要影响。
③ 阅读时找出能够成为优秀人物的契机是什么。

④ 阅读时找出优秀人物所经历的困难和克服困难的过程。

⑤ 阅读时找出优秀人物创造了怎样的功绩。

⑥ 阅读时应该思考向优秀人物学习什么。

⑦ 阅读时思考优秀人物对那个时代产生了怎样的影响。

⑧ 思考优秀人物对当今社会还有怎样的影响。

∷ 适合孩子阅读的伟人传记

小学一二年级

《古山子金正浩》、《画画的孩子金兴道》

小学三年级

新时代的大人物系列

小学四年级

《路易斯·布莱叶》

小学五年级

《创造李舜臣的人们》、《创造世宗大王的人物》、《美丽的伟人传记》、《通过33名历史学者选定的人物看韩国历史系列》

小学六年级

《蝴蝶博士石周明的科学世界》、《白虎金九》、《伟大的灵魂，甘地》、《爷爷的手能治百病》

2. 通过信息性文章提高学习能力

学习中需要阅读的文章大部分都是信息性文章,所以如果想要提高学习能力就需要更多地阅读信息性文章。信息性文章的结构性都很强,若在阅读时能够把握并整理文章的结构,就可以很容易地理解文章内容了。

信息性文章是提高学习能力的最好选择

阅读信息性文章的能力与学习能力直接相关。

大部分传达信息的文章都是说明文，主要涉及历史、科学、社会、艺术和文化等领域的内容，尤其在学习中所需的大部分阅读资料都是信息性的说明文，因此阅读这类文章的能力与学习能力直接相关。

在写作信息性文章的时候，作者为了让读者能够更好地理解文章内容，会力求使文章的结构清晰明了，所以，在阅读过程中一定要整理并把握文章的结构。

∷ 把握信息性文章的结构

① 提出问题、解决问题的结构

其结构就是先指出问题的原因，然后提出解决的方法。

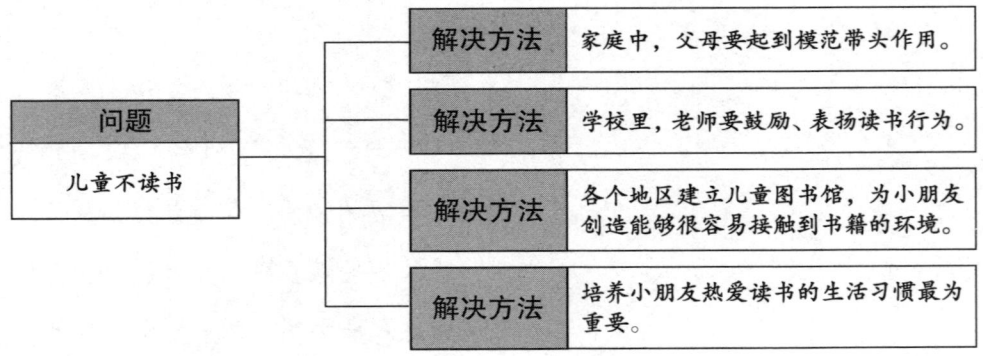

② 比较和对照的结构

叙述共同点和差异点的文章一般会运用比较和对照的结构，既可以对两个以上的话题从多个角度进行比较和对照，也可以针对同一个话题，从多种观点进行比较和对照。

		四物表演	风物表演
差异点	乐器	由锣、鼓、长鼓、钲等四种打击乐器组成，几乎将所有地方的曲调汇集起来，重新编排后演奏。	除了四物表演中使用的四种乐器以外，还使用小鼓、喇叭、太平唢呐等多种乐器，只演出一个地方独特的曲调。
	演出场所	舞台	场院
共同点		使用以四物为代表的风物来演奏传统音乐。	

③ 体现因果关系的结构

展示某个事件的原因与结果之间的因果关系的文章。

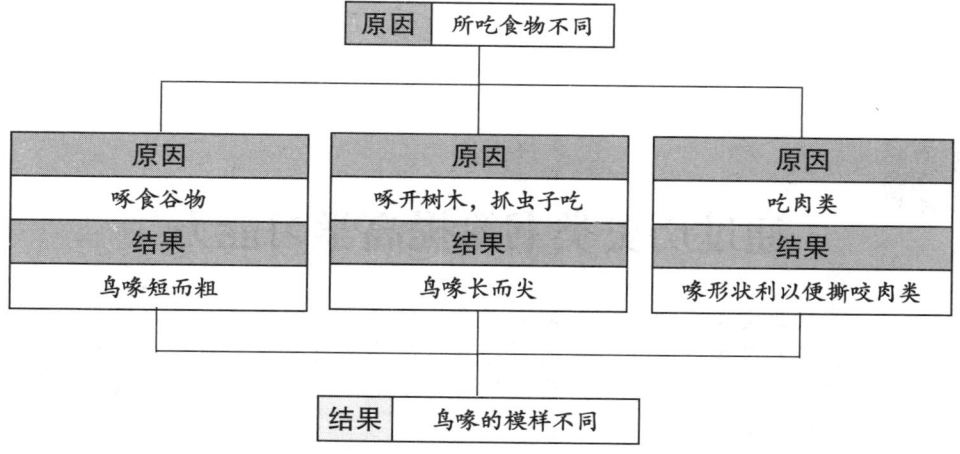

④ 说明概念和定义的结构

准确具体地说明某种概念和定义的文章。

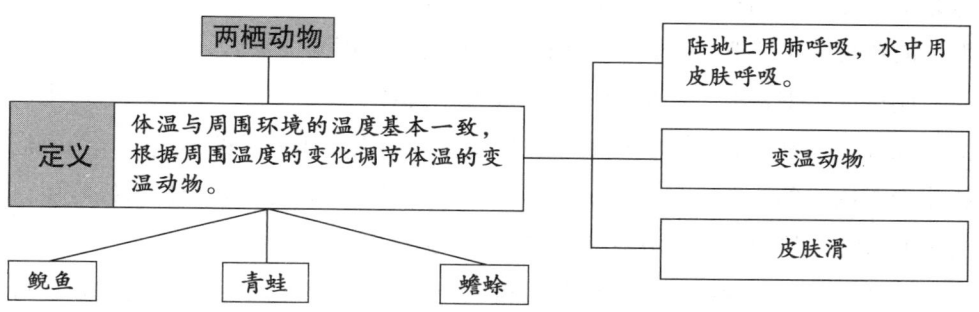

⑤ 提出见解及依据的结构

提出作者的强烈主张或想强调的内容，并为其提供支持和根据的议论文。

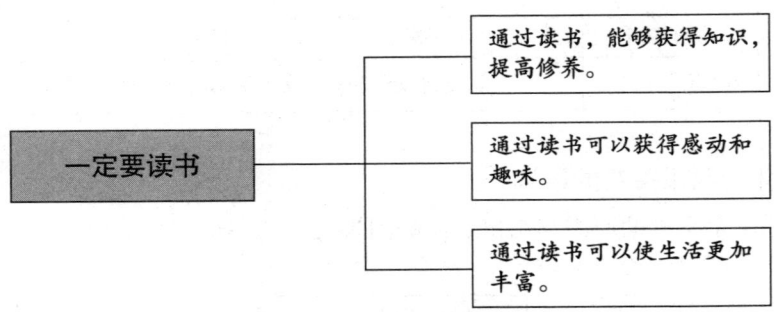

通过历史类书籍提高学习能力

阅读历史类书籍之前，需要思考为什么要了解历史。只有把握了历史背景和原因是什么，历史事件具有怎样的意义，才能对历史做更深一层的思考。历史不只是已经过去的事情，它也是我们当代人经常引以为豪的事情。

历史类书籍除了有按照年代顺序编写的以外，还有按照战争、绘画、文化、人物等专题进行编写的。这样的历史书籍不仅能够让孩子理解时代的概念，同时还能够帮助孩子把握历史上发生的各个事件间的因果关系。

阅读此类书籍时，如果能一边思考为什么要了解历史，一边加深对历史的思考深度，那么在人们遇到困难时，历史就会给人克服困难的勇气，并给人们指出走出困难的道路。另外，历史不是单纯的过去，它也是让当代人经常引以为豪的事情。父母和老师应该指导孩子认识到这一点。

小学四五年级时孩子的理解能力得到充分的发展，这是阅读历史书籍的好时期。但是，如果从一开始就让孩子阅读以年代顺序罗列的历史书籍，容易让孩子产生反感，并会让孩子产生"历史真是枯燥难懂"的想法。

最好从小学三年级开始让孩子慢慢接触那些将历史人物和历史事件用简短的图画画出来的图画书，使孩子对历史产生亲近感。还可以通过让孩子阅读那些专门为孩子设计的历史书籍，使孩子对历史传说产生兴趣后，再引导孩子阅读正式的历史书籍，这样也可以取得很好的效果。

另外，父母们可以挑选一些电视中正在播放的适合孩子看的历史剧，这样也能够帮助孩子对历史产生兴趣。到了小学五六年级，就可以培养孩子对电视剧和历史书作比较的积极态度，并且让孩子在电视剧中寻找歪曲历史事实的剧情，以此来让他们获得更多的乐趣。

∷ 历史类书籍的阅读方法

① 阅读时思考为什么要了解已经过去的历史。
② 阅读时把握历史事件的背景和原因。
③ 阅读时把握历史事件具有什么样的意义。
④ 阅读时思考为什么历史会重演。
⑤ 阅读时要认识到观点不同，对历史事件的解释也会随之不同。
⑥ 重新思考历史事件。

∷ 适合孩子阅读的历史书籍

小学三年级

《高句丽时代的人们为什么画壁画？》《百济为什么叫作失去的王国呢？》、《新罗为什么叫作黄金王朝？》

小学四年级

《啊哈！原来那时候是这样生活的》

小学五年级

《通过照片和图画来看韩国历史》（全5册）、《啊哈！原来那时候是这样打仗的》、《通过历史遗物和遗址来看韩国历史》（全2册）

小学六年级

《妈妈的历史信》（全2册）、《通过历史遗物和遗址来看世界历史》（全2册）、《历史报纸》（全6册）、《历史课上学习世界历史》、《重新编写世界历史》（全2册）、《韩国生活史博物馆系列》（全12册）

通过社会学和科学类书籍提高学习能力

阅读社会学和科学类书籍的目的是为了获得相关的知识，因此，为了更好地理解这些书籍，首先应该明确地设定阅读目的。

阅读讲述政治、经济、地理等知识的社会学和科学等相关书籍时，其目的是为了获得相关的知识，因此，阅读类似书籍的时候一定要设定阅读目的后再阅读，**因为只有明确地知道自己为什么读书，阅读时才能够更集中精力**。

首先要考虑好阅读的目的是为了查找特别的信息，还是为了全面获得书中的知识，只有这样对信息的认知才会更明确。如果想要更有效地达成目的，应该采取与叙述性文章不同的阅读方法。在阅读前，应该首先快速浏览书的题目和目录，然后浏览书中的图画和图表等，通过阅读上述信息，就能在正式地阅读前预测到书的部分内容。如果事先预测了书的内容，在阅读时就会将自身已经知道的知识与书中讲述的知识进行比较，通过比较，既能修正自己的错误认识，也能够对新知识产生兴趣，从而促使孩子更加积极地阅读。

信息性的文章还需要将新获得的信息进行单独整理，为了准确记忆，可以使用头脑地图或逻辑树等方式使知识更加系统化。

∷ 社会学和科学类书籍的阅读方法

① 阅读前设定阅读目的。
② 阅读前对与主题相关的难懂的词进行单独记忆。
③ 阅读前先预测书中内容。
④ 阅读时把握作者想要表达的核心内容。
⑤ 阅读时将新获得的信息进行整理，使之系统化。
⑥ 如果有需要进一步了解和学习的信息，继续查找其他资料。

∷ 适合孩子阅读的社会学类书籍

小学三四年级

《令人兴奋的十二个月节日故事》

小学五年级

《有趣的政治故事》、《爸爸，法律是什么？》
《小朋友经济原理》、《我最初见到的大韩民国宪法》、《朱江贤讲韩国文化》（全2册）

小学六年级

《富人社会的富孩子，穷人社会的穷孩子》

::适合孩子阅读的科学类书籍

小学一二年级

《仙人掌酒店》、《拯救了地球的蚯蚓》、《卵与种子》、《麦子长大》、《鲫鱼面包家族》、《三文鱼你去哪里？》

小学三四年级

《青蛙产卵了》

小学五年级

《伟大的发明让我哭泣》、《好好吃饭，快快长大》、《流星阿姨讲故事系列》（全4册）

小学六年级

《有趣的自然学习》、《食盐不可或缺》、《与科学家做游戏》、《崔烈叔叔的地球村环境故事》（全2册）

通过报纸提高学习能力

报纸是学习全新信息的最好途径。

报纸是观察世界的窗口，我们可以通过报纸获取信息，以了解当天所发生的事件。如果掌握了很多信息，那么背景知识就会相应增加，可供我们灵活运用，因此，我们要让孩子学会读报纸。

但是，报纸的文章内容会带有很浓厚的主观性，所以，父母和老师一定要指导孩子学会区分什么是客观的报道，什么是为了报社的利益而进行的人为炒作。

∷ 报纸的阅读方法

① **阅读时把握文章是怎样构成的。**
- 主标题：将报道内容进行简洁概括的题目。
- 副标题：对主标题进行补充的小题目。
- 序：是将正文内容按照六大原则进行的归纳。
- 正文：具体的报道内容。
- 解释：对正文追加的说明。

② **阅读时把握各个栏目的作用和特点。**

③ **阅读时把握报社编辑的意图。**
- 仔细观察文章的长度和位置。
- 观察文章题目与内容之间的联系。
- 观察文章内容与照片之间的联系。
- 阅读时与其他报纸进行比较。

④ **阅读时判断报道是否基于事实写成（是否存在夸张或误报）。**

⑤ **单独整理并逐渐掌握报纸中出现的难懂词汇。**

第6章
只有这样才能解决孩子的阅读障碍！
——六种孩子经常会遇到的阅读障碍

貌似喜欢读书的孩子
自称都知道，一问却毫无所知的孩子
即使是刚阅读过的部分也记不住的孩子
朗读和默读结果相差很大的孩子
阅读后却不能理解文章内容的孩子
做错的问题，和妈妈一起重新做却能够做对的孩子

貌似喜欢读书的孩子

当听到孩子说"真有趣!""都读完了。"父母就会认为孩子是真的喜欢读书,总会误以为孩子的阅读能力很强。

小学二年级的思伦即使是刚刚读过的书也只能记住最后一页左右的内容,其他的内容只是有一些断断续续的印象,如果向她提问书中的内容,她只能将最后一页的内容及断断续续的记忆结合自己的想象力来进行回答。

思伦的父母经济上很富有,但是他们每天都在忙着工作。思伦还有一个快4岁的弟弟,所以,她就由祖父母负责养育。她很快适应了学校的生活,和小朋友们的关系也很好,按妈妈的说法,她在学习上应该没有什么问题才对。

但是,通过阅读课程我们发现了思伦存在一些问题,正像前面所讲的,为了了解她对书中内容的理解程度,向她进行提问时,她会将书中有的内容和与书中不相符的内容混杂起来回答。

最初,我们以为她只是因为没有很好地阅读而已,但是,经过仔细观察发现,她在阅读了一两页以后,注意力就会出现大幅度下降。

我们通过让思伦阅读《青蛙与蟾蜍是朋友》中的《饼干的骚动》来检测她的阅读态度和阅读能力,这本书只有12页,小学二年级的水平就可以十分轻松地阅读。

"思伦读完了这本书以后,要给老师复述一遍故事内容,然后老师会问你问题,所以,你要好好地阅读以后再回答啊。"

我们在观察其他孩子的阅读过程中可以发现,一般情况下,孩子都是将7~10个字放在一起阅读,如果出现了难以理解的部分,他们会重新回去阅读,或者暂时停顿下来思考一会儿。

但是,观察思伦阅读的过程却发现她并没有进行断字阅读,而是眼珠很散漫地看来看去,然后在一两处有停顿,当我们以为她是在仔细地看图画时,她的眼珠却又快速地移走了。

当需要回想书中内容,进行讲述和问答的时候,思伦就无法回忆起内容的来龙去脉,只记住了眼珠短暂停留过的部分和书的最后一部分,只能反复使用这几部分的内容进行回答。

思伦之所以会出现上述问题的原因是：在思伦小的时候妈妈给思伦念了很多书，但是，弟弟出生后，妈妈主要负责照顾弟弟，养育思伦的事情就交给了祖父母。为了得到祖父母的宠爱，思伦在祖父母面前只是佯装成读书的样子，编造书中的故事讲给祖父母听，祖父母觉得小孙女非常伶俐，经常称赞她。妈妈对此毫不知情，相信了思伦所说的"真有意思""都读完了"的话，还以为思伦是真的喜欢读书。

虽然我们也觉得父母对孩子编造书中的故事竟然毫不知情是件很不可思议的事情，但是，这种情况很有可能会发生。因为识字以后，孩子不再出声阅读，而是用眼睛默读，在问起书的内容时，他们可以将记住的几个场面结合自己的想象进行回答，听起来不露任何破绽，因此，父母对事实真相就会一无所知。最后思伦将这样的情况告诉了母亲，并决定在母亲的帮助下解决这个问题。

∷阅读障碍解决方法

① 妈妈将孩子读过的书挑选出来，把书中的文字部分汇集起来准备好。

虽然图画可以很好地向我们传达书中的内容，但是，像思伦这样通过看图画书自己编造故事的情况，图画反而成了影响阅读的障碍因素。因此妈妈可以利用电脑将图画清除，只保留文字部分。

② 妈妈先进行阅读示范，然后让孩子跟着阅读。

为了在阅读的同时理解内容，需要将文章按照含义断开来阅读，但是，思伦不能够熟练掌握断开阅读的方法，所以需要有意识地给她作断开阅读的示范。阅读很短的部分便断开，并大声朗读，就可以提高注意力，从而不会错过文章的中心内容。运用这种方法的目的是为了提高孩子对文章的理解力和注意力。

③ 针对文章内容进行提问，听取孩子的回答，然后在文章中找出是否有这样的内容。

采用这种方法是为了让思伦知道问题的答案都可以在书中找到，而思伦自己编造的答案则并非答案。并且让她在文章中努力寻找答案,可以使她将注意力集中在书上。

④ 回想并讲述书中的内容,录音后放给孩子听。

这种方法是为了让孩子知道自己的回答是将书中的内容与自己编造的内容混杂在一起的事实。但是,一定要事先告诉孩子:"现在不是要让你编造有趣故事的时候,而是想要知道你对书的内容知道多少,所以一定要说出书中真实的内容啊。"

如果孩子出现了不安的情绪,又一次编造了书中的内容,也不要对她加以训斥,而是应该鼓励孩子:"哇,思伦已经记住了一半的内容,下一次又能够记住多少呢?很期待啊……"只有这样,孩子才能对自己的记忆力充满信心,加倍努力。

⑤ 按照顺序重复上述过程。

将上述过程进行多次反复,让孩子感觉到自己的实力每天都在提高,这个方法需要父母的努力和耐心。幸运的是,思伦的妈妈很积极地给予了配合,三个月后,思伦已经达到了同龄孩子的阅读水平。

自称都知道,一问却毫无所知的孩子

"嗯……我都知道,就是说不出来。""嗯?好奇怪,刚才明明知道来着。"

初中一年级的正仁是在第一学期的期中考试结束后和妈妈一起来找我的。正仁妈妈的忧虑如下:

- 明明说已经复习完了，可考试成绩却很不理想。
- 做练习题的时候，说书上的内容一点都没有出现，因此很烦恼。
- 抱怨任课老师所讲的内容一点都没有出现（其他老师出考试题时）。

根据正仁妈妈所说，正仁在小学时，除了数学以外，别的科目都能够跟得上，但是，进入初中以后，他觉得所有的科目都变得很难。

其实妈妈并不知道，正仁在小学的时候学习就已经不是很好，问正仁："原因是什么呢？"他的回答是："即使学习了也还是不会。"

妈妈和孩子都不知道成绩不好的原因，那么首先就需要我们找出原因。这种情况并非正仁一个人的问题，像正仁这样的孩子其实还有很多，他们都感觉到明明学习了，成绩却不好；想做习题集却因为太难而做不下去；常常抱怨考试题没有按照老师讲过的那样出。

这样的孩子有以下几个特点：首先，读书时没有不知道的，如果让他们将不懂的词标注出来，他们会没有任何表示，但是如果针对书中内容进行提问或挑出几个词问含义时，他们却又回答不出来，为什么会出现这种现象呢？这主要是因为他们在阅读时完全没有进行思考。所以，即使阅读非常简短的文章，也无法从中找出文章想要传达的信息，他们误以为用眼睛默读课本就是在学习了。

任何人在阅读的时候都会有知道的部分和不知道的部分，善于阅读的读者能够将其很好地区分开来，为了理解不知道的部分，而会采用各自的战略。相反，不善于阅读的读者无法区分自己知道的部分和不知道的部分，因此，就不会努力去理解那些不知道的部分。为了正仁以及与正仁一样面临着类似困难的众多孩子，我们一定要找出解决的方法。

::阅读障碍解决方法2

① 在阅读资料中找出不知道的内容和词汇。

这是为了判断孩子所说的知道或不知道的部分是否属实。如果孩子说完没有不知道的内容，就要挑出孩子可能不知道的内容进行提问，让孩子领悟到："啊，我原来不知道这个部分啊。"

② **准备两种颜色的荧光笔。**

让孩子再次阅读资料，将自己知道的部分和不知道的部分分别用不同颜色的笔表示出来，对于知道的部分要能够用自己的语言进行说明，通过这样的做法，使孩子明确地区分自己知道的和不知道的。

③ **对于不知道的词汇，通过上下文进行推测后，在字典中查出准确的含义。**

这是为了学习不知道的词汇而进行努力的过程。如果有不知道的词汇或句子，首先要通过上下文来推测这个词是用于何种含义，然后在词典中找出准确的含义。推测和查找的过程能够帮助孩子准确地记忆。如果还是存在不知道的词汇或句子，就要寻求父母和老师的帮助。

④ **再次阅读资料，只在不知道的部分做出标记。**

通过这样反复的过程，孩子可以明确地看到自己不知道的部分，重复这个方法，"边思考边阅读"就会自然而然地变成他的一种阅读习惯。这种习惯使他能自发地思考自己认为知道的部分是否真的知道，不知道的部分究竟不知道多少，进而学会思考为了学习不知道的部分应该怎样做，这些就是"边思考边阅读"的阅读方法对孩子给予的帮助。

和正仁一起将上述过程重复了5次后，即使不使用两种颜色的荧光笔，他在阅读时也会说"老师，我不知道这是什么意思"这样的话，我们就鼓励他"哇，正仁终于知道自己不会的部分是哪里了，现在已经学会了怎样找出不知道的部分，跟全部知道没有什么区别了。"

当然，通过这个方法，并不能让成绩立即提高，进入班级排名的前列。但是，至少可以让孩子将精力集中在自己不知道的部分进行更为深入的学习。现在，正仁在阅读教科书的时候，已经习惯了先确认学习目标，然后将精力集中在学习目标上。另外,在做习题集的时候,他也能够区分出自己完全理解的问题、似懂非懂的问题及完全不懂的问题了。

即使是刚阅读过的部分也记不住的孩子

"妈妈,读书的时候,前面的内容都不记得了,怎么办啊?"

正欣是我在美国读大学的女儿,她在美国读高中 10 年级的时候,有一天忽然打来电话说读书的时候前面的内容都记不住,总需要重新看,所以读书的进度很慢。因为书中的文字是她很生疏的英语,内容也是枯燥无味的教科书内容,所以这种阅读很困难。但是,这样的困难不只是我在国外读书的女儿会遇到,即使在韩国读书的孩子也会有同样的经历。

大人们可能也有过很多类似的经历,在阅读生疏的文章时不能理解其中的内容,总是需要反复阅读,结果造成阅读进度很慢。

这种现象并不是因为阅读能力下降造成的,而是对文章内容缺乏足够的背景知识,或者是在阅读那些只是一味地罗列信息的文章时所遇到的困难。我将克服困难的方法告诉了女儿及遇到同样困难的学生们。

::阅读障碍解决方法3

① **短暂停留阅读。**

这种方法是要求阅读的时间不要过长,每阅读完一个段落之后就停下来确认是否理解了该部分的内容。阅读难以理解的文章时,经常会遇到一种情况,即在没有正确理解的状态下继续阅读，读过几页以后就会自动放弃。在碰到这样的难题时，可以采用这种阅读方法。

② 阅读时给每个段落添加小题目。

与其阅读整篇文章后归纳主题，不如在阅读完一个段落后，就归纳好中心内容，然后给此段落添加一个小题目，这样更容易把握整体内容。并且认为这是方法①的扩展。将每个段落中所要讲的重要内容归纳出来，然后记录在书的空白处，同时，也可以在能够作为小题目的句子（中心内容）下面画线，这样即使忘记了前面的内容，也不需要重新读一遍，只要阅读小题目和画线的部分就能够回想起来。利用这种方法不仅可以节省时间，而且更便于对文章内容进行整理。

③ 熟悉了上述的方法，在阅读完每个段落后都将中心内容记录在纸片上。

熟悉了②的方法后，要试着将阅读的范围扩大，同时将文章中的中心内容记录在纸片上，这是将文章的内容进行系统整理的过程。通过再次阅读记录在纸片上面的内容，以前零散的理解部分就会在头脑中形成一个完整的图画。如果按照这个方法去做，就不会因为阅读进度太慢而感到郁闷了。

我将①②两种方法告诉了女儿，几天以后，便再次接到了女儿的电话。

"妈妈！按照您告诉的方法去做了以后，效果真好，每当想不起来前面的内容时，就再看一遍小题目和记录在纸片上的内容，马上就能够想起来了！"

在阅读那些特别难以理解的文章和出现太多人物而混乱的文章时，如果能够灵活运用上述方法，就可以使阅读变得很容易。这是我在中学时经常使用的方法，因为效果非常好，所以在这里推荐给孩子们。

朗读和默读结果相差很大的孩子

"老师,出声阅读比用眼睛默读好多了,如果只是用眼睛默读,文章的内容一点儿都想不起来。"

读小学五年级的庆湖在学校的学习成绩一直是40分到60分之间,在上小学之前,庆湖的妈妈一直给他念书听,但是,自从庆湖的弟弟出生以后,妈妈为了照顾弟弟,便没有时间再给庆湖读书了。可能是因为这个原因,庆湖坚决不自己读书,如果学校里举行读书比赛或者布置了读书作业,只能由妈妈读给庆湖听或者妈妈读完以后将核心内容讲给他听。

我们对庆湖的阅读能力进行了测试,结果发现他的阅读能力仅有小学二年级的水平,但他已经读小学五年级了,学校里面让他阅读的书也应该是五年级的水平,所以,庆湖当然会觉得阅读课外书和教科书都很困难。另外,也许是因为庆湖的学习成绩不好,他在学校里和朋友的关系也不太融洽。我们又对他进行了HTP(通过图画进行的心理测试)测试,结果表示,他的存在感非常低,而且对妈妈存有很强烈的攻击心理。不仅如此,结果还显示出他由于存在着极强的被伤害意识,所以总是把自己严严实实地保护起来。

为了提高庆湖的阅读能力,首先应该让他感觉到我很喜欢他,并在积极地支持着他,让他相信只要和我一起努力,一切都是可以改善的。另外,为了提高庆湖的存在感,也必须要提高他在学校的学习成绩,只有这样,庆湖才能和老师、同学一起愉快地度过在学校的时间。

但是,又因为庆湖的阅读水平太低了,所以无法直接教授他阅读教科书的方法,因此,我们要找出能够同时提高阅读能力和学习成绩的方法。

:: 阅读障碍解决方法4

① 消除对书籍的恐惧感。

首先,让庆湖阅读他自己挑选的图画书,从他觉得很轻松的书开始消除他对书本的恐惧感。这时，我对庆湖有两个要求：朗读时首先不能出现读错的词，其次要进行有真情实感的朗读，如果能够很好地完成阅读要求，我就给庆湖一个奖励。例如当他做得很好的时候，我就奖励给他上面写着"干得真棒！"的小星星，累计了几个小星星以后我会送给他小礼物，虽然这是针对小学一二年级的孩子所使用的方法，但是，因为庆湖的阅读水平和心理年龄还处于这个阶段，所以我才采取了这种方式。我一边称赞和鼓励他，一边让他阅读，也许是在这个方法的激励下，他开始能够带有感情地朗读图画书了，当然，朗读时还会出现错误或遗漏，但是他能够很出色地完成富有感情的朗读就已经很了不起了，因为带有感情的朗读就表示孩子理解了故事的脉络。我每隔两页就会向他提问，他记住了故事的内容，回答得十分正确。

② 让他边思考边阅读。

当庆湖能够很好地出声朗读之后，我又让他挑选了新书进行默读，然而，当我针对书的内容向他进行提问时，他的回答要么是与书的内容毫不相关，要么是不知道。于是，我就让他大声朗读后再提问，这次，他却能够很好地记住书中的内容了。为什么出声阅读时能够记住的内容，用眼睛来默读时却记不住，而且速度还很慢呢？

"庆湖啊，为什么用眼睛默读的内容你记不住呢？"

"嗯……出声阅读的时候我能够集中注意力，但是用眼睛默读的时候我总是想别的事情。"

没错，出声阅读时，自己能够听到自己读书的声音，所以直接刺激了耳朵，能够记住读过的内容。但是如果不出声音，只用眼睛来看的时候，听到的都是其他的声音，注意力不集中，其他不相关的想法也就会趁机钻进头脑中来，这正是阅读的障碍。

为了让庆湖不受其他想法的干扰，需要对他进行某些训练。因此，我教给了他一边思考，一边阅读的方法。

"庆湖啊，老师在读书时会把自己头脑里正在想的内容说出来，庆湖好好听，然后跟着学。"

【阅读资料】

　　石头的父亲给金地主做了 30 年的长工，作为酬劳得到的却是一块寸草不生的荒地。石头的父亲想："荒地又怎样，努力耕耘就行了呗。"于是，勤勤恳恳地耕种起了那块荒地，手都流血了也毫不在意。

——引自《粪霹雳》

　　"哇，做了 30 年的长工，却只给一块寸草不生的荒地，金地主太过分了，真是个铁公鸡啊。"

　　"酬劳是什么意思啊？既然说了是当了长工后给的，那应该就是跟工资差不多的东西吧。"

　　"劳作得手都流血了，那得多么辛苦啊？石头的父亲真是个勤劳的人。"

　　"这一段说的就是石头的父亲给金地主做了 30 年的长工，最后得到了一块荒地的故事啊。"

　　我一边给庆湖读故事，一边将头脑中出现的想法都说了出来，因为我觉得如果不这样做，庆湖就不能够理解边思考边阅读的含义。然后我提议庆湖也用这样的方法来阅读。

　　"庆湖啊，你知道老师在读书的时候是怎么做的了吧？庆湖也试一试吧。"

　　虽然庆湖答应试一试，但是将自己的想法用语言表达出来好像并不是那么容易，我继续给他做示范，通过提问来了解他可能会产生的想法，在多次重复了上述的做法之后，庆湖便自然而然地在阅读的时候主动思考了。

　　三个月过去后，庆湖问到："老师，我现在用眼睛默读已经做得很好了吧？"他开始感觉到自己的阅读能力在得到改善，即使是用眼睛默读也很少产生其他的想法，因此，觉得很有成就感。虽然他还是会偶尔走一点儿神，但是他的表现已经很不错了。

③ 熟知教科书中出现的词汇。

　　为了提高庆湖的存在感，就不仅要提高他的阅读能力，还得提高他的学习成绩，所以我选择了其他的方法：先将语文课本中出现的他不知道的词汇写在卡片上，然后在词典中找出这个词的意思，并用这个词进行简单的造句。

孩子的阅读能力一直下降，他的词汇能力也会落后于同年级水平。因为庆湖的词汇能力已经落后很多，所以，他在理解教科书内容的时候，会感觉很困难。在这种情况下，如何让他准确地理解那些他所不知道的词汇才是最重要的。幸运的是庆湖的妈妈给予了积极的支持，她让庆湖每天查找出10个生词，记住意思之后，再让他用生词进行简单的造句。

最初，庆湖造句子很困难，每天完成词汇作业就要花费近一个小时的时间，但是所需的时间在逐渐地缩短，而且，最初不知道的生词有很多，整本教科书都画得一片红，后来标记则越来越少了。将最初做标记的教科书与两个月后的教科书作对比，连庆湖自己都觉得自己很了不起，从而增强了自信心。

这时，正巧学校里举行了考试，庆湖妈妈高高兴兴地打来电话说庆湖的语文考试超过了60分，而且学校老师还称赞庆湖最近在学校里的生活和对朋友的态度都有了很大好转。

虽然没有单独进行语文学习，但学习如何阅读的方法和那些熟悉的词汇已经开始发挥出效果了，所以，庆湖其他科目的成绩慢慢也得到了提高，与朋友和妈妈的关系也好转了。

还记得在教给庆湖用眼睛阅读的方法时，庆湖的妈妈非常吃惊地问："阅读方法也需要学习吗？我一点都不知道呢，我原以为那是自然而然就能够学会的，从来没想到还存在什么阅读方法。"

当然，有的孩子是自然而然地学会的，但是，大部分孩子都不能自然而然地学会，因此在学习上就会遇到困难。如果知道了是在阅读上存在问题的，就一定能找到解决的方法。每当遇到因为孩子的阅读问题而感到担忧的父母时，我都会说："既然现在已经知道了问题所在，只要解决好问题就可以了。因为我最担心的就是父母认识不到问题的存在。"

跟庆湖接触了共7个月的时间，却因为庆湖要搬家所以不得不分开了。那时，庆湖已经知道了即使是难懂的书也要坚持阅读下去，并且知道了要一边用眼睛默读一边思考，说明他已经学会了最基本的阅读态度，我相信无论庆湖走到哪里都能够做得很好。

阅读后却不能理解文章内容的孩子

"老师，虽然都读了，但是完全不知道内容是什么，太难了。"

想象一下孩子虽然阅读了文章，但是却完全不知道内容是什么，这是多么令人遗憾的事情啊！其实这些能够说出自己不知道，并询问应该怎样做才好的孩子是很棒的。

读初中二年级的妍京说自己在小学的时候没有读过很多书，由于背景知识的缺乏，在阅读世界史和韩国历史时觉得很难读懂。为了解决妍京的困难，我们挑选了能够增加背景知识且内容简单的书让她阅读，但是，妍京还是说这些书太难，不知道内容是什么。

像妍京这样有阅读困难的孩子，可能是因为缺乏背景知识或阅读能力下降引起的，也有很多是因为不知道阅读方法造成的。下面就来了解一下在这种情况下可以使用的方法。

∷阅读障碍解决方法5

① 如果阅读完全文以后却不知道里面是什么内容，就需要重新阅读。

阅读的时候，有时候会出现前面内容模糊的情况，遇到这种情况时，即使感觉很麻烦也要回到前面重新看一遍，然后将前面的内容与现在正在阅读的内容结合起来。如果忽略掉记不清楚的部分，继续阅读下去，就会导致前后内容颠倒，故事情节模糊，阅读本身也会变得索然无味，慢慢地也就合上书不想再阅读了。

我读《哈利·波特》系列的时候，觉得第一册很难阅读，因为对充满离奇色彩的故事缺乏背景知识，对书中出现的人物关系也无法很好地理解，所以感受不到这本书的趣味所在。我甚至觉得"这书有什么意思啊"，索性就放弃了阅读，但是，因为我从事的是儿童教育工作，孩子们如此喜欢的书，我不能不知道，于是便又重新拾了起来。

这一次，我在遇到不能理解的部分时，就回到前面去重新阅读，努力理解着里面复杂的人物关系，我这样反复读了一段时间以后，渐渐理清了故事的梗概，对书中出现的人物性格也能够理解了。读了一半后，觉得这本书实在太有意思了，甚至到了沉迷在书中而忘记给家里人做饭的程度。如果当初我因为这本书理解起来太困难，而觉得书没有意思，放弃了阅读的话，那么我将无法体会到《哈利·波特》的趣味。

② 阅读时注意把握现在阅读的部分在整体内容中属于什么部分。

如果问孩子："你现在阅读的部分是关于什么内容的？"孩子也许会回答："啊？我就是随便读而已啊。"但是，如果这样阅读下去，就将很难理解文章的整体内容。其实，在阅读时应该把握大单元和小单元（大标题和小标题），只有这样才能够知道现在正在阅读的部分是哪一部分，也才能够预测出故事的进展。大家可能会想，知道自己阅读的部分是关于什么的有那么重要吗？事实上，只有知道了现在阅读的内容，才不会出现前后颠倒，从而将故事完整地储存在头脑中，需要记忆时才更容易。

③ 明确地理解指示代词分别指的是什么。

这个、那个、那个人、那时候、因为那件事情等等，我们阅读的时候，经常会遇到这样的词，只有很好地理解了这些指示代词具体指的是什么，才能够准确地理解文章的内容，更好地把握整体内容。

④ **联想与书中内容相似的经历。**

理解文章最好的方法是将文章的内容与自身的经历结合在一起来阅读。也就是说人们只能了解自己知道或自己掌握的内容，因此，如果想要更好更深入地理解文章，就需要在阅读时联想自身相似的经历。

比如说，在阅读以战争为背景的《梦实姐姐》和《战争与少年》时，没有参战经验的人读过以后可能只会茫然地想"那时候的生活看来是很困难的啊，战争年代也会有这么伟大的人啊"，但是，经历过战争的人就会联想起自己在战争年代所经历的痛苦和那时的生活场景，会有与众不同的感动。

所以，在阅读时应该联想一下与书中内容相似的经历，在周围寻找一下是否有与书中人物相似的人。

⑤ **阅读时要随时调整阅读速度。**

阅读有趣且简单的书时，阅读速度就会比平时快，相反，如果阅读难懂并且需要思考的书时，阅读速度就会比平时慢。阅读时需要根据书的特点调整阅读速度。即使阅读同一本书，在阅读简单部分和需要思考的部分时，速度也不尽相同，这样才能够减少错误发生，防止遗漏重要内容。

⑥ **阅读中途停下来想一想前面读过的内容。**

阅读时如果出现了难以理解的部分，需要将书暂时合上，想一想前面读过的内容，这样，就可以整理好故事的发展过程，并对理解现在正在阅读的内容起到重要的帮助作用。因此，不能简单地按照从前至后的顺序阅读，而是根据需要随时翻阅前面和后面的内容。

另外，随时大声朗读书中的重要内容或背诵其中的句子也是阅读文章的好方法。只有随时采用不同的阅读战略来进行阅读，才能够提高阅读能力。

做错的问题，和妈妈一起重新做
却能够做对的孩子

"真的无法理解，和我一起做能够做对，为什么自己就做错呢？"

【考试题目】

"啊，民智把银杏的果实敲开了吧，味道很难闻吧。（1）在味道留在手上之前快去洗了吧。"

爷爷这样说道。

"周英啊，你摸了有味道的东西以后手上会一直留有那种味道吧，所以，让你赶快去洗手。"

民智洗过手以后，回到爷爷旁边坐了下来，（2）爷爷戴着胶皮手套正在搓着银杏果实。

【问题】

爷爷为什么戴着胶皮手套搓银杏果实呢？

① 手凉

② 害怕银杏难闻的味道留在手上

③ 为了更好地将皮剥掉

④ 手痛

⑤ 为了不让银杏果实留下伤痕

"周英啊，好好阅读一下问题，爷爷为什么戴着胶皮手套搓银杏果实呢？因为手凉？因为手凉才这样的吗？不是吗？那么是为了更好地将皮剥掉？因为手疼才戴着手套的吗？那么是为什么呢？读一读最下面。"

这是周英的妈妈和周英一起重新做考试题的场景。周英的妈妈在解答问题前给周英读了题目，并向她说明了核心部分，然后再读问题和选项，当读到非正确答案的选项时故意将语调提高，暗示着这不是正确答案，然后又说："读一读最下面。"从而引导着周英作出正确的回答。

周英的妈妈错在了哪里呢？她不理解为什么和孩子在一起做时孩子就能够做对，而考试时却总是出错。其实，她正是在一边引导的时候一边告诉了孩子正确答案。哪有已经被告诉了答案却回答不正确的学生呢？和周英的妈妈一样抱怨的父母们应该仔细想一想是否也犯了同样的错误呢？

周英这种情况的最大问题在于她无法正确理解题目，无法把握询问问题的意图，或没有正确理解选项的含义。还有一种情况就是虽然不和妈妈一起做题，但是如果妈妈在旁边看着，回答正确的比率就会更高，这些孩子则是因为没有仔细地阅读问题，便匆忙地选出了答案。下面就来看一下为了解决这两种问题应该怎样做。

::阅读障碍解决方法6

（1）不能正确理解题目、问题和选项的情况

出现这种情况是因为孩子的阅读能力存在问题，所以平时应该努力提高孩子的阅读能力，同时，还有必要让孩子学会应对考试题目的阅读战略。

① **用铅笔将与问题相关的内容在题目中找出来。**

尽管多次强调"答案都在题目中"，但是孩子们为什么还会错过正确答案呢？孩子们也许会说已经阅读过题目了，如果让他们再阅读一次，他们则会很不解地说："咦？刚才明明没有的啊……"遇到这种情况时，可以让孩子试着用铅笔将考试题目的相关内容找出与问题联系起来。举例来说，在题目中与问题"爷爷为什么戴着胶皮手套搓银杏果实呢？"相关的内容即为划线部分（2）。

② **找出有可能预测正确答案的内容并画线。**

前面举的例题中用（1）将预测的正确答案表示了出来，像这样在找出考试题目中与答案相关的内容并画线是为了在题目中找到正确答案而进行的有效训练。通

过这样反复的训练，在阅读考试题目时就不仅能够认识到哪些部分（重要部分）是有可能作为问题出现的，而且也不会在很容易找出答案的题目上犯错误了。

（2）因为匆忙作答而经常出错的情况

遇到这种情况，应该让孩子认识到自己的错误并进行改正。这样的孩子在理解题目或把握出题意图的能力上没有问题，只是因为匆忙作答而出现了错误。因此应该让孩子找出自己的错误属于哪一种类型，并根据不同类型寻找解决的方法。

① 需要找出错误选项却将正确的选项挑选了出来。

这是大部分的学生常犯的错误，这种错误一般出现在那些容易解答的问题中，这是因为学生们一旦发现自己能够很快地解答问题时，便立即产生了一种自信心，匆匆忙忙将答案找出来写了上去，结果却因为没有好好阅读题目的要求，从而导致了错误的产生。

虽然这是一种非常普通的方法，但是一定要让孩子学会在解答问题时用铅笔将类似"选择正确的选项""选择不正确的"这种指示语句标示出来，然后在选项上也一定要将正确的用"O"，错误的用"X"表示出来。

通过这样做标记的方法可以改正匆忙阅读作答的行为，为了形成这种好的习惯，在解答问题时要多次反复的训练。如果在考试时因为运用了这种方法而取得了很好的成绩，就认为不需要再进行反复的训练了，那么则很容易再犯同样的错误，因此，一定要让孩子们坚持训练，直至他们养成这种好习惯为止。

② 将与正确答案相似的选项和正确答案相混淆。

这也是因为匆忙而犯下的一种典型错误。这种错误同样出现在自己已经知道得很清楚的问题上。出题人将与正确答案相似的选项和正确答案混在一起，学生并没有读到最后便选择了与正确答案相似的选项。如果想要减少这类错误，也要像①介绍的那样边阅读边做标记直到最后一个选项，并且要将这种做法形成习惯。如果做到了这一点，至少就不会再出现明明知道答案而犯错误的情况。综上所述，无论是在读书时还是考试时，都要养成拿着铅笔积极地做标记的好习惯，因为只有这样，才能够正确地把握文章内容，减少失误。

附录

不同年级的阅读能力诊断评价

阅读能力诊断题（父母观察记录卷）
阅读能力诊断题（学生阅读材料卷）

不同年级的阅读能力诊断评价

　　本套诊断题是阅读指导专家们以专业知识和实践经验为基础设计而成的，父母可以试着使用此诊断题来对孩子的阅读能力进行评价。为了能够得到更准确的结果，我们将诊断题分为了父母观察记录卷和学生阅读材料卷两部分，并按照不同年级进行了划分。测试时选择适合孩子年级的诊断题进行评价即可。

　　在诊断前，建议父母先阅读一遍题目，只有这样才能够了解此诊断题是以怎样的方式进行诊断的，然后让孩子将学生阅读材料卷按照虚线裁下阅读，孩子阅读结束后，父母通过父母观察记录卷来对孩子的阅读能力进行评价。

阅读能力诊断题
（父母观察记录卷）

【一年级水平】

（1）诊断前评价

① 背景知识评价

阅读文章前询问孩子下面的问题，然后根据孩子回答的情况按照下面四种水平进行评价。

> 3：知道得很多。2：知道一些。1：知道一点点。0：完全不知道。

1. 列举 3 个以上你所知道的古代游戏。（3-2-1-0）

（2）诊断

让孩子朗读下面的阅读资料，朗读时注意记录孩子的朗读速度和朗读错误，观察流畅性及朗读态度。

有趣的游戏

　　古代孩子们喜欢玩很多种游戏，让我们先来了解一下其中的踩影子游戏和打石头游戏的规则吧。

　　踩影子是踩其他人影子的游戏。首先，通过石头剪子布来决定踩影子的人，如果能够踩到其他人的影子则取得游戏的胜利，由被踩到影子的人继续踩。

　　打石头是将对方的石头击倒的游戏。首先，每个人准备一块手掌般大

> 小的石头，通过石头剪子布来分组，石头剪子布中输掉的一组将自己所持的石头竖着摆成一排，赢的一组则从远处投石头来将对方的石头击倒，不能用手推倒石头，首先将对方的石头全部打倒的一方获胜。

② 阅读速度

____分____秒

③ 朗读能力

＊朗读错误

观察孩子朗读时出现的错误，将错误类型在下面标记出来，并记录错误的数量。

1. 省略朗读____
2. 替换朗读____
3. 颠倒朗读____
4. 朗读时插入没有的内容____

错误个数：____个

＊流畅性

观察孩子朗读时的流畅程度，并在下面相符的项上做出标记。

____为了传达内容，富有感情地朗读。

____非常流畅、快速地朗读。

____朗读时很吃力，经常出现口吃。

④ 朗读态度

观察孩子朗读时的态度，并在下面相符的项上做出标记。

____声音非常不稳定。

____朗读时头和身体经常晃动。

____好像被追赶着一样急速地朗读。

⑤ 回想能力

朗读完全部的阅读材料以后，让孩子对朗读的内容进行回想，按照孩子回想的顺序在下面的句子前标上序号。

____古代孩子们喜欢玩很多种游戏。

____踩影子是踩其他人影子的游戏。

____首先，通过石头剪子布来决定踩影子的人，

____如果能够踩到其他人的影子

____则取得游戏的胜利，

____由被踩到影子的人继续踩。

____打石头是将对方的石头

____击倒的游戏。

____首先，每个人准备一块手掌般大小的石头，

____通过石头剪子布来分组，

____石头剪子布中输掉的一组

____将自己所持的石头竖着摆成一排，

____赢的一组则从远处投石头

____来将对方的石头击倒，

____不能用手推倒石头，

____首先将对方石头全部打倒的一方获胜。

其他：

合计：____/16

　　　　　（ ____/16）×100＝____%

____能够将大部分的内容按照顺序详细地叙述出来。

____虽然能够较好地叙述内容，但是顺序混乱。

____只能够很简略地叙述开头和结尾。

⑥ 理解能力评价

这是为了了解孩子对文章内容理解的程度而设定的评价。父母们先提出下

面的问题，然后将孩子的回答记录在下面。

1. 踩其他人影子的游戏是什么？（事实性问题）
——踩影子游戏。

2. 踩影子游戏中怎样决定踩影子的人呢？（事实性问题）
——通过石头剪子布的方式。

3. 打石头游戏中需要准备手掌大小的石头，"手掌大小的石头"指的是什么样的石头呢？（推理性问题）
——大小与手掌相似，扁扁平平的石头。

4. 打石头游戏中可以使用身体的什么部位呢？（事实性问题）
——除了手之外的其他部位。

＊父母给孩子的答案打分，并对孩子的理解能力水平进行诊断，打分时，如果回答对了一半，则给 0.5 分。

（正确答案数 / 全部问题数）× 100 = 　　%
____可以独立阅读的水平（90% 以上）
____通过指导可以阅读的水平（75% ~ 90%）
____必须要通过指导才能阅读的水平（50% ~ 75%）
____需要努力提高的阅读水平（50% 以下）

【二年级水平】

（1）诊断前评价

① **背景知识评价**

阅读文章前询问孩子下面的问题，然后根据孩子回答的情况按照下面四种水平进行评价。

> 3：知道得很多。2：知道一些。1：知道一点点。0：完全不知道。

1. 冰淇淋是什么？（3-2-1-0）

2. 冰淇淋的种类有哪些？（3-2-1-0）

（2）诊断

让孩子朗读下面的阅读资料，朗读时注意记录孩子的朗读速度和朗读错误，观察流畅性及朗读态度。

冰淇淋

我们不仅在炎热的夏天喜欢吃冰淇淋，在寒冷的冬天也喜欢吃冰淇淋。直至今天，我们喜欢的冰淇淋经历了怎样的变化过程呢？

冰淇淋最初是在距今约 450 年前的意大利制作出来的，那个时候的冰淇淋因为颗粒大，没有现在冰淇淋的口感这样细腻，并且，那时的冰淇淋还是一种特殊的食品，大部分人都吃不到。后来，法国王室的一位厨师在原料中加入了鸡蛋黄和香料制作成新式冰淇淋，使冰淇淋的味道变得非常好。

此后，为了使冰淇淋更加好吃，许多人都付出了巨大的努力，最终才产生了今天这样甜蜜柔软的冰淇淋。现在，由于技术的进步，可以一次性制作出大量好吃的冰淇淋。

---

② **阅读速度**
____分____秒

③ **朗读能力**

＊朗读错误

观察孩子朗读时出现的错误，将错误类型在下面标记出来，并记录错误的数量。

1. 省略朗读____

2. 替换朗读____

3. 颠倒朗读____

4. 朗读时插入没有的内容____

错误个数：____个

* 流畅性

观察孩子朗读时的流畅程度，并在下面相符的项上做出标记。

____为了传达内容，富有感情地朗读。

____非常流畅、快速地朗读。

____朗读时很吃力，经常出现口吃。

④ 朗读态度

观察孩子朗读时的态度，并在下面相符的项上做出标记。

____声音非常不稳定。

____朗读时头和身体经常晃动。

____好像被追赶着一样急速地朗读。

⑤ 回想能力

朗读了全部的阅读资料以后，让孩子对朗读的内容进行回想，按照孩子回想的顺序在下面的句子前标上序号。

____我们不仅在炎热的夏天

____喜欢吃冰淇淋，

____在寒冷的冬天也喜欢吃冰淇淋。

____直至今天，我们喜欢的冰淇淋

____经历了怎样的变化过程呢？

____冰淇淋最初是在距今

____约450年前的

____意大利制作出来的，

____那个时候的冰淇淋

____因为颗粒大，

____没有现在冰淇淋的口感这样细腻，

____并且，那时的冰淇淋还是一种特殊的食品，

____大部分人

____都吃不到。

____后来，法国王室

____的一位厨师

____在原料中加入了鸡蛋黄和香料

____制作成新式冰淇淋，

____使冰淇淋的味道变得非常好。

____此后，为了使冰淇淋更加好吃，

____许多人

____都付出了巨大的努力，

____最终才产生了

____今天这样

____甜蜜柔软的冰淇淋。

____现在，由于技术的进步，

____可以一次性制作出大量

____好吃的冰淇淋。

其他：

合计：____/28

　　　　　　（　/28）× 100 = 　　%

____能够将大部分的内容按照顺序详细地叙述出来。

____虽然能够较好地叙述内容，但是顺序混乱。

____只能够很简略地叙述开头和结尾。

⑥ **理解能力**

这是为了了解孩子对文章内容理解的程度而设定的评价。父母们先提出下面的问题，然后将孩子的回答记录在下面。

1. 我们喜欢在什么时候吃冰淇淋？（推理性问题）
   ——与季节无关，任何时候。

2. 冰淇淋最初是在什么时候，在哪个国家制作而成的呢？（事实性问题）
   ——大概450年前，意大利。

3. 以前冰淇淋是一种特殊的食品，大部分人都吃不到，冰淇淋成为特殊食品的理由是什么呢？（推理性问题）
   ——以前冷冻设施不发达，制作和保管都很困难，所以大部分人都吃不到。

4. 最初制作的冰淇淋是什么样的冰淇淋呢？（事实性问题）
   ——颗粒很大的、口感不细腻的冰淇淋。

5. 最近能够一次性制作大量好吃的冰淇淋是因为什么？（事实性问题）
   ——因为技术发达了。

6. "香料"指的是什么？（词汇）
   ——使气味和味道都更好的物质。

　　* 父母给孩子的答案打分，并对孩子的理解能力水平进行诊断，打分时，如果回答对了一半，则给0.5分。

（正确答案数/全部问题数）×100 =　　　%
____可以独立阅读的水平（90%以上）
____通过指导可以阅读的水平（75% ~ 90%）
____必须要通过指导才能阅读的水平（50% ~ 75%）
____需要努力提高的阅读水平（50%以下）

【三年级水平】

（1）诊断前评价

① 背景知识评价

阅读文章前询问孩子下面的问题，然后根据孩子回答的情况按照下面四种水平进行评价。

3：知道得很多。2：知道一些。1：知道一点点。0：完全不知道。

1. 什么样的狗叫作忠诚的狗呢？（3-2-1-0）

2. 你认为什么样的狗比较伶俐呢？（3-2-1-0）

（2）诊断

让孩子朗读下面的阅读资料，朗读时注意记录孩子的朗读速度和朗读错误，观察流畅性及朗读态度。

狗

狗是与人最亲近的动物，人们从很久以前就开始养狗了。狗本来是十分凶猛的动物，但和人们一起生活后，就被驯化得很温顺了。

狗的种类有很多，既有个子像小牛一样大，胆子却很小的狗，也有比猫还小的非常可爱的狗；有嘴很长的狗，也有嘴很短的狗；既有双耳直竖，尾巴上翘的威风凛凛的狗，也有垂下两只大耳朵的狗。狗毛的颜色也有白色、黄色、黑色等许多种。

狗的听觉很灵敏，听远处声音的能力很强。晚上睡觉时，狗有时也会突然间醒来狂吠，这就是因为狗能够听到人所听不到的声音。

狗的嗅觉也很灵敏，在田野中走着走着，狗会突然停下来，把鼻子贴在地上哼哼着闻气味，有时候甚至认真地刨地，这是因为它们闻到了地底

> 下田鼠或鼴鼠的气味。从很远的地方往家走的时候，狗也是靠闻着气味找到家的。
>
> 　　狗非常伶俐忠诚，能够理解主人的想法，甚至只听到脚步声，也能够认出主人。它们能看家，能够听从主人的使唤。有的狗帮助主人打猎，有的狗能够导盲，当主人身处危险境地的时候，它们会迅速冲出来保护主人。其中，为了救主人而死的"葵树狗"的故事一直被广为传颂着。

② 阅读速度

　　____分____秒

③ 朗读能力

* 朗读错误

观察孩子朗读时出现的错误，将错误类型在下面标记出来，并记录错误的数量。

　　1. 省略朗读____

　　2. 替换朗读____

　　3. 颠倒朗读____

　　4. 朗读时插入没有的内容____

　　错误个数：____个

* 流畅性

观察孩子朗读时的流畅程度，并在下面相符的项上做出标记。

　　____为了传达内容，富有感情地朗读。

　　____非常流畅、快速地朗读。

　　____朗读时很吃力，经常出现口吃。

④ 朗读态度

观察孩子朗读时的态度，并在下面相符的项上做出标记。

　　____声音非常不稳定。

____朗读时头和身体经常晃动。

____好像被追赶一样急速地朗读。

⑤ 回想能力

朗读了全部阅读资料以后，让孩子对朗读的内容进行回想，按照孩子回想的顺序在下面的句子前标上序号。

____狗是与人最亲近的动物，

____人们从很久以前就开始养狗了。

____狗本来是十分凶猛的动物，

____但和人们一起生活后，

____就被驯化得很温顺了。

____狗的听觉很灵敏，

____听远处声音的能力

____很强。

____晚上睡觉时，狗有时也会突然间醒来

____狂吠。

____这就是因为狗能够听到

____人所听不到的声音。

____狗的嗅觉也很灵敏，

____在田野中走着走着，狗会突然停下来，

____把鼻子贴在地上

____哼哼着闻气味，

____有时候甚至认真地刨地，

____这是因为它们闻到了地底下

____田鼠或鼹鼠的气味。

____从很远的地方往家走的时候，

____狗也是靠闻着气味找到家的。

____狗非常伶俐忠诚，

____能够理解主人的想法，

____甚至只听到脚步声，也能够认出主人。
____它们能看家，
____能够听从主人的使唤。
____有的狗帮助主人打猎，
____有的狗能够导盲，
____当主人身处危险境地的时候，
____它们会迅速冲出来
____保护主人。
____其中，为了救主人而死的
____"獒树狗"的故事一直被广为传颂着。
其他：
合计：____/33
　　　　　　（　/33）×100 =　%
____能够将大部分的内容按照顺序详细地叙述出来。
____虽然能够很好地叙述内容，但是顺序混乱。
____只能够很简略地叙述开头和结尾。

⑥ **理解能力**

这是为了了解孩子对文章内容理解的程度而设定的评价。父母们先提出下面的问题，然后将孩子的回答记录在下面。

1. 狗与人类一起生活后，就被驯化得温顺了。这里的"驯化"是什么意思？（词汇）
——使动物与人类亲近。

2. 睡觉时，狗会突然醒来狂吠的理由是什么？（事实性问题）
——狗能够听到人听不到的声音。

3. 把獒树狗叫作忠诚的狗的理由是什么？（事实性问题）
    ——它为了救主人而死。

4. 下面狗的特征中能够显示忠诚的特性用"忠"表示，显示伶俐的特性的用"伶"表示出来。（推理性问题）
   • 只听脚步声也能够认出主人。（伶）
   • 主人身处险境时保护主人。（忠）
   • 帮助主人打猎。（伶）

5. 狗即使走到离家很远的地方也能够找回来，狗具有这个特性的原因是什么？（事实性问题）
    ——因为狗的嗅觉很好。

   ＊父母给孩子的答案打分，并对孩子的理解能力水平进行诊断，打分时，如果回答对了一半，则给 0.5 分。

   （正确答案数 / 全部问题数）× 100 =   %
   ____可以独立阅读的水平（90% 以上）
   ____通过指导可以阅读的水平（75% ~ 90%）
   ____必须要通过指导才能阅读的水平（50% ~ 75%）
   ____需要努力提高的阅读水平（50% 以下）

【四年级水平】

（1）诊断前评价

① 背景知识评价

阅读文章前询问孩子下面的问题，然后根据孩子回答的情况按照下面四种水平进行评价。

3：知道得很多。2：知道一些。1：知道一点点。0：完全不知道。

1. 你看过摔跤比赛吗？（3-2-1-0）

2. 如果想取得摔跤比赛的胜利，应该怎样做？（3-2-1-0）

（2）诊断

让孩子朗读下面的阅读资料，朗读时注意记录孩子的朗读速度和朗读错误，观察流畅性及朗读态度。

摔跤

摔跤是从很久以前流传下来的一种民俗游戏。在高句丽的古坟墓中已经有了描述摔跤游戏场面的壁画，从这里可以推测出摔跤运动开始于高句丽时期或者更早的时候。高句丽时期，摔跤作为部落间的一种竞技活动，盛行一时，后历经高丽时期、朝鲜时期，得到了继承和发展。据说世宗大王也非常喜欢看士兵们的摔跤比赛。就这样，摔跤作为民俗游戏一直流传了下来。

摔跤分为左摔跤、右摔跤和腰带摔跤三种，左摔跤是将摔跤腰带挂在右腿上，右肩膀相对的摔跤；右摔跤是将摔跤腰带挂在左腿上，左肩膀相对的摔跤；腰带摔跤是将腰带系在腰上，抓住腰带进行的摔跤。但是现在都统一采用了左摔跤的形式，并且将名字改成了直摔跤。

摔跤是两个人互相抓住对方的腰带来决出胜负的竞技，首先倒下，手或膝盖先触地的一方即输掉比赛。因为摔跤是互相抓住腰带的竞技，因此就发展出前背翻、后背翻、绊腿等许多技术。

摔跤主要是在端午和中秋时举行，农闲的时候，人们也很喜欢进行摔跤竞技。摔跤比赛中赢得最后一场比赛叫作"终场"，通常会奖励给赢得最后一场比赛的人一头黄牛。

我们应该更加珍惜和热爱这项蕴含着大韩民族感情和精神的摔跤运动，并将它发展成为世界性的竞技。

② 阅读速度

____分____秒

③ 朗读能力

* 朗读错误

观察孩子朗读时出现的错误,将错误类型在下面标记出来,并记录错误的数量。

1. 省略朗读____

2. 替换朗读____

3. 颠倒朗读____

4. 朗读时插入没有的内容____

错误个数:____个

* 流畅性

观察孩子朗读时的流畅程度,并在下面相符的项上做出标记。

____为了传达内容,富有感情地朗读。

____非常流畅、快速地朗读。

____朗读时很吃力,经常出现口吃。

④ 朗读态度

观察孩子朗读时的态度,并在下面相符的项上做出标记。

____声音非常不稳定。

____朗读时头和身体经常晃动。

____好像被追赶一样急速地朗读。

⑤ 回想能力

朗读了全部阅读资料以后,让孩子对朗读的内容进行回想,按照孩子回想的顺序在下面的句子前标上序号。

____摔跤是从很久以前流传下来的
____一种民俗游戏。
____在高句丽的古坟墓中
____已经有了描述摔跤游戏场面的壁画,
____从这里可以推测出摔跤运动
____开始于高句丽时期或者更早的时候。
____高句丽时期,摔跤作为部落间的一种竞技活动,
____盛行一时,
____后历经高丽时期、朝鲜时期,
____得到了继承和发展。
____据说世宗大王
____也非常喜欢看士兵们的摔跤比赛。
____就这样,摔跤作为民俗游戏
____一直流传了下来。
____摔跤分为左摔跤、右摔跤和腰带摔跤三种,
____左摔跤是将摔跤腰带挂在右腿上,
____右肩膀相对的摔跤;
____右摔跤是将摔跤腰带挂在左腿上,
____左肩膀相对的摔跤;
____腰带摔跤是将腰带系在腰上,
____抓住腰带进行的摔跤。
____但是现在都统一采用了左摔跤的形式,
____并且将名字改成了直摔跤。
____摔跤是两个人互相抓住对方的腰带
____来决出胜负的竞技,
____首先倒下,
____手或膝盖先触地的一方即输掉比赛。
____因为摔跤是互相抓住腰带的竞技,
____因此就发展出前背翻、后背翻、绊腿等

____许多技术。
____摔跤主要是在端午和中秋时举行,
____农闲的时候,人们也很喜欢进行摔跤竞技。
____摔跤比赛中赢得最后一场比赛
____叫作"终场",
____通常会奖励给赢得最后一场比赛的人
____一头黄牛。
____我们应该更加珍惜和热爱
____这项蕴含着大韩民族感情和精神的摔跤运动,
____并将它发展成为世界性的竞技。

其他:

合计:____/39

(____/39)×100 = ____%

____能够将大部分的内容按照顺序详细地叙述出来。
____虽然能够将内容很好地叙述,但是顺序混乱。
____只能够很简略地叙述开头和结尾。

⑥ 理解能力评价

这是为了了解孩子对文章内容理解的程度而设定的评价。父母们先提出下面的问题,然后将孩子的回答记录在下面。

1. 凭借什么可以判断摔跤运动始于高句丽或更早呢?(事实性问题)
 ——高句丽古坟墓中描述摔跤场面的壁画。

2. 试着说一说摔跤的三种技术?(事实性问题)
 ——前背翻、后背翻、绊腿。

3. 摔跤竞技中赢得最后一场比赛叫作什么?(事实性问题)
 ——叫作终场。

4. 摔跤比赛在节日和农闲时候举行的理由是什么？（推理性问题）
　　——因为农活不忙，有很多时间。

5. 摔跤比赛中首先倒下，手或膝盖首先触地的一方即输掉比赛。那么为了赢得摔跤比赛，应该具备什么能力呢？说出两个以上的答案。（推理性问题）
　　——应该具备力气和技术、敏捷性、柔软性等等。

6. 摔跤时系在大腿或者腰间的用做对方来抓住的绳子叫什么？（词汇）
　　——腰带。

7. 为什么要更加珍惜和热爱摔跤运动，并将其发展成为世界性的竞技呢？（事实性问题）
　　——因为摔跤是蕴含着大韩民族感情和精神的运动。

＊父母给孩子的答案打分，并对孩子的理解能力水平进行诊断，打分时，如果回答对了一半，则给 0.5 分。

（正确答案数 / 全部问题数）× 100 ＝　　　％
____可以独立阅读的水平（90% 以上）
____通过指导可以阅读的水平（75% ~ 90%）
____必须要通过指导才能阅读的水平（50% ~ 75%）
____需要努力提高的阅读水平（50% 以下）

【五年级水平】

（1）诊断前评价

① 背景知识评价

阅读文章前询问孩子下面的问题，然后根据孩子回答的情况按照下面四种水平进行评价。

> 3：知道得很多。2：知道一些。1：知道一点点。0：完全不知道。

1. 在什么地方可以看到很多松鼠？（3-2-1-0）

2. 秋天爬山的时候，为什么不能把所有的松子都采摘掉？（3-2-1-0）

（2）诊断

让孩子朗读下面的阅读资料，朗读时注意记录孩子的朗读速度和朗读错误，观察流畅性及朗读态度。

松鼠

牛善贞

爬树的能手

在树木茂盛的地方最常见到的动物是松鼠。它们能够不发出一点声响，迅速地爬到树上，用小小的门牙磕松子的样子可爱至极，由此也可以知道它们是爬树的能手。

松鼠虽然主要生活在地上，但是，遇到危险或找食物的时候，它们也会爬到树上去，因为爪子上有非常锋利的趾甲，所以在树上也能够活动自如。另外，它们可以打开又大又厚的尾巴来保持平衡，从高的树枝跳到低的树枝上。

温暖的小窝

在韩国，除了几个岛屿以外，全国各地都生活着松鼠，它们主要生活在茂密的针叶林中，阔叶林和多岩石的地方也有它们的踪影，特别是小溪附近的丛林里生活着很多的松鼠，因为倒下的树木互相遮掩，便于藏身，而且距离水也很近。

松鼠总是在倒下的树木缝隙、石头下面或腐烂的树根下挖洞穴，它们会将挖出来的土装在嘴里运到很远的地方，这是为了不暴露自己生活的场所。松鼠在挖洞穴的时候会挖出睡觉的、贮藏食物的等多个空间。

② **阅读速度**

____分____秒

③ **朗读能力**

* 朗读错误

观察孩子朗读时出现的错误,将错误类型在下面标记出来,并记录错误的数量。

1. 省略朗读____

2. 替换朗读____

3. 颠倒朗读____

4. 朗读时插入没有的内容____

错误个数:____个

* 流畅性

观察孩子朗读时的流畅程度,并在下面相符的项上做出标记。

____为了传达内容,富有感情地朗读。

____非常流畅、快速地朗读。

____朗读时很吃力,经常出现口吃。

④ **朗读态度**

观察孩子朗读时的态度,并在下面相符的项上做出标记。

____声音非常不稳定。

____朗读时头和身体经常晃动。

____好像被追赶一样急速地朗读。

⑤ **回想能力**

朗读了全部阅读资料以后,让孩子对朗读的内容进行回想,按照孩子回想的顺序在下面的句子前标上序号。

____在树木茂盛的地方

____最常见到的动物是松鼠。

____它们能够不发出一点声响，

____迅速地爬到树上，

____用小小的门牙磕松子的样子

____可爱至极，

____由此也可以知道它们是爬树的能手。

____松鼠虽然主要生活在地上，

____但是，遇到危险或

____找食物的时候，

____它们也会爬到树上去，

____因为爪子上有非常锋利的趾甲，

____所以在树上也能够

____活动自如。

____另外，它们可以打开又大又厚的尾巴

____来保持平衡，

____从高的树枝

____跳到低的树枝上。

____在韩国，除了几个岛屿以外，

____全国各地都生活着松鼠，

____它们主要生活在茂密的针叶林中，

____阔叶林和多岩石的地方也有它们的踪影，

____特别是小溪附近的丛林里生活着很多的松鼠，

____因为倒下的树木互相遮掩，便于藏身，

____而且距离水也很近。

____松鼠总是在倒下的树木缝隙、

____石头下面或腐烂的树根下

____挖洞穴，

____它们会将挖出来的土装在嘴里

____运到很远的地方，

____这是为了不暴露

____自己生活的场所。

____松鼠在挖洞穴的时候

____会挖出睡觉的、贮藏食物的等

____多个空间。

其他：

合计：____/35

    （____/35）× 100 = ____%

____能够将大部分的内容按照顺序详细地叙述出来。

____虽然能够很好地叙述内容，但是顺序混乱。

____只能够很简略地叙述开头和结尾。

⑥ **理解能力评价**

这是为了了解孩子对文章内容理解的程度而设定的评价。父母们先提出下面的问题，然后将孩子的回答记录在下面。

1. 松鼠是爬树的能手，这里的"能手"指的是某种技术或技能非常出色的人，试着以"……是……的能手"造一个简单的句子。（词汇活用）
 ——我妈妈是包饺子的"能手"。

2. 主要生活在地上的松鼠，在何种情况下会爬到树上去呢？（事实性问题）
 ——为了躲避危险或找食物的时候。

3. 小溪附近生活着许多松鼠的原因是什么？（事实性问题）
 ——因为倒下的树木互相遮掩，便于藏身，而且距离水也很近。

4. 松鼠会把挖洞穴时挖出来的土运到很远的地方，理由是什么呢？（事实性问题）
 ——为了不暴露自己生活的场所。

5. 我们可以通过松鼠的何种外貌特征知道它们是爬树能手？（推理性问题）
——锋利的趾甲，又大又厚的尾巴。

6. 松鼠洞穴里为什么会分为几个空间呢？（推理性问题）
——为了区分睡觉的地方和贮藏食物的地方。

＊父母给孩子的答案打分，并对孩子的理解能力水平进行诊断，打分时，如果回答对了一半，则给 0.5 分。

（正确答案数/全部问题数）×100 =   %
____可以独立阅读的水平（90% 以上）
____通过指导可以阅读的水平（75% ~ 90%）
____必须要通过指导才能阅读的水平（50% ~ 75%）
____需要努力提高的阅读水平（50% 以下）

【六年级水平】

（1）诊断前评价

① 背景知识评价

阅读文章前询问孩子下面的问题，然后根据孩子回答的情况按照下面四种水平进行评价。

3：知道得很多。2：知道一些。1：知道一点点。0：完全不知道。

1. 韩国有句话是"笑可以招福"，这句话是什么意思呢？（3-2-1-0）

2. 笑过以后心情变得很好的理由是什么？（3-2-1-0）

(2）诊断

让孩子朗读下面的阅读资料，朗读时注意记录孩子的朗读速度和朗读错误，观察流畅性及朗读态度。

需要笑容的理由

李松美

笑容正在我们的生活中日渐远去，深沉、忧郁、被时间追赶得慌慌张张的脸庞充斥了这个世界，笑容失去立足之地。在令人烦闷的现实生活中，接踵而来的突发事件以及要不停地进行激烈竞争的残酷事实把笑容逐渐逐出了我们的社会。

但是，生活越沉重，我们越需要笑容，因为笑容中蕴含着能够减轻烦闷，给人注入活力的神奇力量。所以，人类从很久很久以前便开始盛赞笑容，"笑容带来福气，笑容带来健康，笑一笑十年少，微笑的脸可以躲避拳头……"

到了现代，人们已经超越了"笑容好"这种简单的认识层面，开始对笑进行科学性和系统性的研究，这是将东西方古典书籍和俗语中所强调的笑的价值用尖端科学技术来进行确认。目前，笑的医学、教育、美学及社会学价值都已经得到了证明。

笑是人们在喜悦的时候，或者想表达某种感情的时候，通过脸上的肌肉运动来做出的某种表情。没有明确的生物学目的的笑，唯一的机能是"使人从紧张中得到解放"，可以用笑容表达感情的动物只有人类，因此，亚里士多德将人类称为"笑的动物"。

人类通过笑容得到很多好处，笑可以治疗疾病，使脸上充满美丽的神气，促使彼此的关系更加亲密，提高学习和工作效率，净化感情等等。最近最令人关注的是笑的医学价值。

现代医学以科学分析为基础，具体地证明了笑的医学性价值，并开始用笑来作为治疗疾病的药方。美国的作家科曾斯通过笑来治疗疑难病症，从而引起了全球的关注。他患上了罕见的并且伴随着剧痛的关节病，被医生诊断为很难痊愈，在绝望的时刻，作为最后的希望，他选择了笑容疗法，

> 他将电视节目中的幽默剧录下来，反复地看，并尽可能地大声笑，通过这种笑容疗法最后恢复了健康。

② **阅读速度**

____分____秒

③ **朗读能力**

* 朗读错误

观察孩子朗读时出现的错误，将错误类型在下面标记出来，并记录错误的数量。

1. 省略朗读____

2. 替换朗读____

3. 颠倒朗读____

4. 朗读时插入没有的内容____

错误个数：____个

* 流畅性

观察孩子朗读时的流畅程度，并在下面相符的项上做出标记。

____为了传达内容，富有感情地朗读。

____非常流畅、快速地朗读。

____朗读时很吃力，经常出现口吃。

④ **朗读态度**

观察孩子朗读时的态度，并在下面相符的项上做出标记。

____声音非常不稳定。

____朗读时头和身体经常晃动。

____好像被追赶一样急速地朗读。

⑤ **回想能力**

朗读了全部阅读资料以后，让孩子对朗读的内容进行回想，按照孩子回想的顺序在下面的句子前标上序号。

____生活越沉重，
____我们越需要笑容，
____因为笑容中蕴含着
____能够减轻烦闷，
____给人注入活力的
____神奇力量。
____所以，人类从很久很久以前
____便开始盛赞笑容，
____"笑容带来福气，
____笑容带来健康，
____笑一笑十年少，
____微笑的脸可以躲避拳头……"
____笑是人们在喜悦的时候，
____或者想表达某种感情的时候，
____通过脸上的肌肉运动
____来做出的某种表情。
____没有明确的生物学目的的笑，
____唯一的机能是
____"使人从紧张中得到解放"，
____可以用笑容表达感情的动物
____只有人类，
____因此，亚里士多德
____将人类称为"笑的动物"。
____人类
____通过笑容得到很多好处，
____笑可以治疗疾病，
____使脸上充满美丽的神气，
____促使彼此的关系更加亲密，

____ 提高学习和工作效率,

____ 净化感情等等。

____ 最近最令人们关注的是

____ 笑的医学价值。

____ 现代医学以科学分析为基础,

____ 具体地证明了笑的医学性价值,

____ 并开始用笑来作为治疗疾病的药方。

____ 美国的作家科曾斯

____ 通过笑

____ 来治疗疑难病症,

____ 从而引起了全球的关注。

____ 他患上了罕见的并且伴随着剧痛的关节病,

____ 被医生诊断为很难痊愈,

____ 在绝望的时刻,作为最后的希望,

____ 他选择了笑容疗法,

____ 他将电视节目中的幽默剧录下来,反复地看,

____ 并尽可能地大声笑,通过这种笑容疗法

____ 最后恢复了健康。

其他:

合计:____ /46

　　　　　(____ /46) × 100 = ____ %

____ 能够将大部分的内容按照顺序详细地叙述出来。

____ 虽然能够很好地叙述内容,但是顺序混乱。

____ 只能够很简略地叙述开头和结尾。

⑥ 理解能力评价

这是为了了解孩子对文章内容理解的程度而设定的评价。父母们先提出下面的问题,然后将孩子的回答记录在下面。

1. 亚里士多德为什么将人类称为"笑的动物"？（事实性问题）
——可以用笑容表达感情的动物只有人类。

2. "微笑的脸可以躲避拳头"是什么含义？（推理性问题）
——即使很生气，如果对方笑了，气愤就会被化解。

3. 笑容能够净化人类的感情，笑容怎样能够净化感情呢？（推理性问题）
——因为大笑使心情变好，化解气愤，使忧郁的情绪转好。

4. 用笑作为药剂来治疗疾病的治疗方法是什么？（事实性问题）
——笑容疗法。

5. 人类可以通过笑容得到的好处都有哪些？举出两个以上的例子。（事实性问题）
——治疗疾病，使脸上充满美丽的神气，使人与人的关系更加亲密，提高学习和工作的效率，净化感情。

6. "生活越沉重，我们越需要笑容。"人们在什么时候感觉到生活沉重呢？（推理性问题）
——被现实压得身心俱疲的时候，学习遇到困难时候，经济上很困难的时候等等。

* 父母给孩子的答案打分，并对孩子的理解能力水平进行诊断，打分时，如果回答对了一半，则给 0.5 分。

（正确答案数 / 全部问题数）× 100 =   ％
____ 可以独立阅读的水平（90％以上）
____ 通过指导可以阅读的水平（75％～90％）
____ 必须要通过指导才能阅读的水平（50％～75％）
____ 需要努力提高的阅读水平（50％以下）

阅读能力诊断题
（学生阅读材料卷）

【一年级水平】

有趣的游戏

古代孩子们喜欢玩很多种游戏，让我们先来了解一下其中的踩影子游戏和打石头游戏的规则吧。

踩影子是踩其他人影子的游戏。首先，通过石头剪子布来决定踩影子的人，如果能够踩到其他人的影子则取得游戏的胜利，由被踩到影子的人继续踩。

打石头是将对方的石头打倒的游戏。首先，每个人准备一块手掌般大小的石头，通过石头剪子布来分组，石头剪子布中输掉的一组将自己所持的石头竖着摆成一排，赢的一组则从远处投石头来将对方的石头打倒，不能用手推倒石头，首先将对方石头全部打倒的一方获胜。

【二年级水平】

冰淇淋

我们不仅在炎热的夏天喜欢吃冰淇淋，在寒冷的冬天也喜欢吃冰淇淋。直至今天，我们喜欢的冰淇淋经历了怎样的变化过程呢？

冰淇淋最初是在距今约 450 年前的意大利制作出来的，那个时候的冰淇淋因为颗粒大，没有现在冰淇淋的口感这样细腻，并且，那时的冰淇淋还是一种特殊的食品，大部分人都吃不到。后来，法国王室的一位厨师在原料中加入了鸡蛋黄和香料制作成新式冰淇淋，使冰淇淋的味道变得非常好。

此后，为了使冰淇淋更加好吃，许多人都付出了巨大的努力，最终才产生了今天这样甜蜜柔软的冰淇淋。现在，由于技术的进步，可以一次性制作出大量好吃的冰淇淋。

【三年级水平】

狗

狗是与人最亲近的动物，人们从很久以前就开始养狗了。狗本来是十分凶猛的动物，但和人们一起生活后，就被驯化得很温顺了。

狗的种类有很多，既有个子像小牛一样大，胆子却很小的狗，也有比猫还小的非常可爱的狗；有嘴很长的狗，也有嘴很短的狗；既有双耳直竖，尾巴上翘的威风凛凛的狗，也有垂下两只大耳朵的。狗毛的颜色也有白色、黄色、黑色等许多种。

狗的听觉很灵敏，听远处声音的能力很强。晚上睡觉时，狗有时也会突然间醒来狂吠，这就是因为狗能够听到人所听不到的声音。

狗的嗅觉也很灵敏，在田野中走着走着，狗会突然停下来，把鼻子贴在地上哼哼着闻气味，有时候甚至认真地刨地，这是因为它们闻到了地底下田鼠和鼹鼠的气味。从很远的地方往家走的时候，狗也是靠闻着气味找到家的。

狗非常伶俐忠诚，能够理解主人的想法，甚至只听到脚步声，也能够认出主人。它们能看家，能够听从主人的使唤。有的狗帮助主人打猎，有的狗能够导盲，当主人身处危险境地的时候，它们会迅速冲出来保护主人。其中，为了救主人而死的"獒树狗"的故事被广为传颂着。

【四年级水平】

摔跤

摔跤是从很久以前流传下来的一种民俗游戏。在高句丽的古坟墓中已经有了描述摔跤游戏场面的壁画，从这里可以推测出摔跤运动开始于高句丽时期或者更早的时候。高句丽时期，摔跤作为部落间的一种竞技活动，盛行一时，后历经高丽时期、朝鲜时期，得到了继承和发展。据说世宗大王也非常喜欢看士兵们的摔跤比赛。就这样，摔跤作为民俗游戏一直流传了下来。

摔跤分为左摔跤、右摔跤和腰带摔跤三种，左摔跤是将摔跤腰带挂在右腿上，右肩膀相对的摔跤；右摔跤是将摔跤腰带挂在左腿上，左肩膀相对的摔跤；腰带摔跤是将腰带系在腰上，抓住腰带进行的摔跤。但是现在都统一采用了左摔跤的形式，并且将名字改成了直摔跤。

摔跤是两个人互相抓住对方的腰带来决出胜负的竞技，首先倒下，手或膝盖先触地的一方即输掉比赛。因为摔跤是互相抓住腰带的竞技，因此就发展出前背翻、后背翻、绊腿等许多技术。

摔跤主要是在端午和中秋时举行，农闲的时候，人们也很喜欢进行摔跤竞技。摔跤比赛中赢得最后一场比赛叫作"终场"，通常会奖励给赢得最后一场比赛的人一头黄牛。

我们应该更加珍惜和热爱这项蕴含着大韩民族感情和精神的摔跤运动，并将它发展成为世界性的竞技。

【五年级水平】

松鼠

牛善贞

爬树的能手

在树木茂盛的地方最常见到的动物是松鼠。它们能够不发出一点声响，迅速地爬到树上，用小小的门牙磕松子的样子可爱至极，由此也可以知道它们是爬树的能手。

松鼠虽然主要生活在地上，但是，遇到危险或找食物的时候，它们也会爬到树上去，因为爪子上有非常锋利的趾甲，所以在树上也能够活动自如。另外，它们可以打开又大又厚的尾巴来保持平衡，从高的树枝跳到低的树枝上。

温暖的小窝

在韩国，除了几个岛屿以外，全国各地都生活着松鼠，它们主要生活在茂密的针叶林中，阔叶林和多岩石的地方也有它们的踪影，特别是小溪附近的丛林里生活着很多的松鼠，因为倒下的树木互相遮掩，便于藏身，而且距离水也很近。

松鼠总是在倒下的树木缝隙、石头下面或腐烂的树根下挖洞穴，它们会将挖出来的土装在嘴里运到很远的地方，这是为了不暴露自己生活的场所。松鼠在挖洞穴的时候会挖出睡觉的、贮藏食物的等多个空间。

【六年级水平】

需要笑容的理由

李松美

笑容正在我们的生活中日渐远去，深沉、忧郁、被时间追赶得慌慌张张的脸庞充斥了这个世界，笑容失去立足之地。在令人烦闷的现实生活中，接踵而来的突发事件以及要不停地进行激烈竞争的残酷事实把笑容逐渐逐出了我们的社会。

但是，生活越沉重，我们越需要笑容，因为笑容中蕴含着能够减轻烦闷，给人注入活力的神奇力量。所以，人类从很久很久以前便开始盛赞笑容，"笑容带来福气，笑容带来健康，笑一笑十年少，微笑的脸可以躲避拳头……"

到了现代，人们已经超越了"笑容好"这种简单的认识层面，开始对笑进行科学性和系统性的研究，这是将东西方古典书籍和俗语中所强调的笑的价值用尖端科学技术来进行确认。目前，笑的医学、教育、美学及社会学价值已经得到了认证。

笑是人们在喜悦的时候，或者想表达某种感情的时候，通过脸上的肌肉运动来做出的某种表情。没有明确的生物学目的的笑，唯一的机能是"使人从紧张中得到解放"，可以用笑容表达感情的动物只有人类，因此，亚里士多德将人类称为"笑的动物"。

人类通过笑容得到很多好处，笑可以治疗疾病，使脸上充满美丽的神气，促使彼此的关系更加亲密，提高学习和工作效率，净化感情等等。最近最令人关注的是笑的医学价值。

现代医学以科学分析为基础，具体地证明了笑的医学性价值，并开始用笑来作为治疗疾病的药方。美国的作家科普斯通过笑来治疗疑难病症，从而引起了全球的关注。他患上了罕见的并且伴随着剧痛的关节病，被医生诊断为很难痊愈，在绝望的时刻，作为最后的希望，他选择了笑容疗法，他将电视节目中的幽默剧录下来，反复地看，并尽可能地大声笑，通过这种笑容疗法最后恢复了健康。

图书在版编目（CIP）数据

小学阅读能力决定一生的成绩／（韩）金明美著；周尧，崔英兰译．—北京：中国传媒大学出版社，2011.6
ISBN 978-7-5657-0210-5

Ⅰ.①小… Ⅱ.①金… ②周… ③崔… Ⅲ.①小学生-读书方法-能力培养 Ⅳ.①G622.46

中国版本图书馆CIP数据核字（2011）第058616号

Elementary reading ability sways lifetime a score by Kim myoung mi
The Original edition © 2008 published by GEULDAM PUBLISHING CO.
The Simplified Chinese Language Translation © 2011 Communication University of China Press by Arrangement with GEULDAM PUBLISHING CO. Seoul, Korea through EntersKorea Co., Ltd.
All rights reserved.

北京市版权局著作合同登记图字:01－2010－2165号

小学阅读能力决定一生的成绩

著　　者	【韩】金明美
译　　者	周　尧　崔英兰
责任编辑	欧丽娜
责任印制	曹　辉
封面设计	耿兆丰
出 版 人	蔡　翔

出版发行	中国传媒大学出版社（原北京广播学院出版社）
	地址：北京市朝阳区定福庄东街1号　　邮编：100024
	电话：86-10-65450532　65450528　　传真：65779405
	http://www.cucp.com.cn
经　　销	全国新华书店
印　　刷	北京印刷集团有限责任公司印刷一厂
开　　本	710×1000mm　1/16　印张/12
版　　次	2011年7月第1版　2011年7月第1次印刷
书　　号	ISBN 978-7-5657-0210-5/G・0210　　定　价：26.00元

版权所有　　翻印必究　　印装错误　　负责调换